KB184125

어른을 위한

생각 큐레이션

어른을 위한 생각 큐레이션

—

2024년 12월 18일 1판 1쇄 인쇄
2025년 1월 2일 1판 1쇄 발행

—

지은이 강가희
펴낸이 이상훈
펴낸곳 책밥
주소 11901 경기도 구리시 갈매중앙로 190 휴밸나인 A6001호
전화 번호 031-529-6707
팩스 번호 031-571-6702
홈페이지 www.bookisbab.co.kr
등록 2007.1.31. 제313-2007-126호

—

기획·진행 권경자
디자인 디자인허브

—

ISBN 979-11-93049-58-7 (03190)
정가 16,800원

ⓒ 강가희, 2025

책밥은 (주)오렌지페이퍼의 출판 브랜드입니다.

어른을 위한

생각 큐레이션

강가희 지음

문학에서 길어 올린

삶을 위한 지혜와 방패

책밥

―――――

들어봐, 당신이 어떤 삶을 살고자 하든

당신의 몸이 꿈꾸는 것만큼

당신을 황홀하게 해주는 건 없어.

메리 올리버, 《기러기》 중에서 〈혹등고래〉

지금 우리에게 필요한 약간의 지혜와 방패

좋아하는 사람이 점점 줄어듭니다.

그리고 하늘과 땅, 풀과 나무가 아름다워 보입니다.

특히 요즈음 봄볕은 더할 나위 없이 좋더군요.

저는 그런 것에 의지해서 살아가고 있습니다.

접시와 화분을 샀습니다.

예술품도 천지에 버금가는 즐거움을 주는군요.[1]

세상사에 환멸을 느꼈던 47세의 나쓰메 소세키(夏目漱石)는 화가 쓰다 세이후(津田青楓)에게 위와 같은 편지를 썼다. 때는 전화기가 막 나오기 시작한 시절이었다. 스마트폰으로 거의 모든 것이 해결되는 지금과는 전혀 다른 시공간에 살았던 작가의 글에 공감이 되는 것은 비단 나뿐만은 아닐 것으로 생각한다.

마흔을 넘어서면서 점차 인간관계에 피로함을 느낀다. 사람보다 자연에 애정을 쏟고, 집에 머무는 시간이 늘어난다. 분명 예

---

1 나쓰메 소세키 지음, 김재원 옮김, 《나쓰메 소세키 서한집》, 368-369쪽, 읻다, 2020.

전에는 실용적이지 않다는 이유로 꽃 선물조차 달가워하지 않던 나였는데 언젠가부터 꽃을 보면 사진부터 찍는다. 친구들과 조만간 핸드폰 배경화면이 꽃으로 바뀔 것이라는 우스갯소리를 한다. 가방이나 옷보다 접시와 화분이 주는 즐거움을 알게 된 것마저 백 년 전의 그와 닮았다. 마치 평행이론을 달리듯 20세기의 40대와 21세기의 40대는 꽤 비슷한 삶의 궤적에 서 있다.

나쓰메 소세키는 국비로 영국 유학을 다녀올 정도로 당대 엘리트였지만, 영국 생활에 적응하지 못했다. 귀국 후 신경성 질환을 앓았고 생계비로 인한 어려움을 겪었다. 고육지책으로 쓴 책《나는 고양이로소이다(吾輩は猫である)》(1905년)가 뜻밖에 인기를 얻으면서, 마흔에 이르러서야 전업 작가의 길을 걷는다. 그의 40대는 작가로서 왕성한 활동과 큰 명성을 얻음과 동시에 각혈까지 하며 병마와 싸워야 했던 인생의 명암이 공존하는 시기였다. 결국 49세란 이른 나이에 세상을 등졌지만, 죽기 직전에도 '가을이

건만 못다 읽은 책 한 권 언제 읽을지'[2]라며 덮어 둔 책을 걱정했다. '장작을 패는지 깨달음을 패는지 가을날 하늘'[3]이라는 위트도 빼놓지 않았다.

최연소라는 화려한 스포트라이트를 받으며 등단하는 작가도 있지만, 대부분의 작가들이 빛을 발하기 시작하는 시기는 40대 이후다. 젊음과 늙음, 밝음과 어두움의 어떤 중간 지점에서 그들은 삶의 아이러니를 포착했고, 예리한 눈으로 그 모순을 글에 담았다. 치열한 고뇌의 결과물이 오늘날 우리가 읽는 명작이라 불리는 책들이다.

40대는 무언가를 꽃피우기에 좋은 시기임을 우리보다 먼저 삶을 살았던 이들이 증명해 보인다. 그래서 누군가는 40대를 두 번째 스물이라고도 한다. 다시 봄이 왔으니 꽃을 피울 차례가 도래

2   나쓰메 소세키 지음, 김재원 옮김, 《나쓰메 소세키 서한집》, 425쪽, 읻다, 2020.
3   나쓰메 소세키 지음, 김재원 옮김, 《나쓰메 소세키 서한집》, 430쪽, 읻다, 2020.

한 것이다. 이렇게 보면 마흔은 무엇이든 시작할 수 있는 나이인 것 같지만, 의문이 든다. 위대한 작가들도 그 당시 자신의 나이를 긍정적으로 받아들였을까. 후대의 사람들이 호시절이었다고 평가하는 것일 뿐. 그들의 마흔 역시 치열하지 않았을까. 사회적인 통념으로 봐도 스무 살을 맞이하면 성인식을 비롯해 애정어린 축하를 받지만 마흔 살이 됐다고 격하게 축하해주는 문화는 적어도 내가 아는 선에서는 없는 것 같다. 경험으로 보건데 스무 살이 환희였다면 마흔은 한탄에 가깝다. 하, 내가 마흔이 됐다니! 알 수 없는 어떤 힘에 떠밀려 버스를 탔는데 내리고 보니 완전히 엉뚱한 곳에 내린 막막함이랄까. 여긴 어디이며, 나는 어디로 가야 할까. 나이가 들면 점점 인생이 투명해질 줄 알았는데 오히려 더 불투명해진 기분이다.

죄 없는 시간을 원망해 보지만 절대 거스를 수 없다는 것을 몸이 말해준다. 내 신체는 아주 정직하다. 정신은 자주 거짓말을 하지만, 육신은 단 한 번도 거짓말을 한 적이 없다. 몸은 정확히 늙어간다는 신호를 보냈지만, 정신은 이를 외면했다. 모두에게 공평하게 주어지는 시간을 나만 비켜갈 수 없음을 알면서도 여전히 이 나이가 어색하다. 아직도 나는 서툴고 어리고 철없다. 생각은 그대로인 채 몸만 훌쩍 커버린 아이가 삶이라는 도로 한복판에 서 있다.

마흔의 세상은 딱 꼬집어 설명하기 어렵다. 나도 버거운데 가족의 부양, 개인의 자아실현…. 도처에 책임지고 일궈야 할 것들이 늘어난다. 그렇게 나는 때로 나이를 인정하며 때로 나이를 부정하며, 약간씩 욕망하며, 약간씩 내려놓으며, 약간씩 늙어가고 있다.

자세히 살펴보면, '약간'이란 단어는 독특하다. 명사도 되고 부사도 된다. 그 뜻도 거의 비슷하다.

명사: 얼마 되지 않음.
부사: 얼마 안 되게. 또는 얼마쯤.

부사의 범주에만 넣었어도 될 것 같은데 왜 명사에도 포함시켰을까. 명확한 이유는 모르겠지만 마흔의 포지션을 한 단어로 지칭한다면 '약간'이다. 약간은 중년인 것 같고 약간은 젊은이에 속하는 것도 같다. 이도 저도 아닌 낀 세대라고도 하지만, 일이든 관계든 약간의 거리를 둬야 한다는 걸 아는 나이이기도 하다. '나'가 아닌 다른 무언가를 짊어져야 하기에 약간은 등이 굽기 시작하는 나이, 그럼에도 불구하고 굽었던 등을 다시 펴 못다 한 꿈을 펼칠 수 있는 나이, 나이가 주는 약간의 무게가 억누를 때도 있지만 행복을 지향할 여유가 있는 나이.

약간(若干)에서 '약(若)'은 두 가지 의미를 포함한다. '같을 약' 또는 '반야 야'라는 한자로, '만일', '젊다' 또는 '반야(般若, 분별이나 망상을 떠나 깨달음과 참모습을 환히 아는 지혜)'를 뜻한다. '간(干)'은 '방패 간'이다. 즉 마흔에는 약간의 지혜와 방패가 필요하다. 대작가들이 살아온 마흔을 통해, 그 시간을 통과한 수확물인 문학을 통해 약간의 지혜와 약간의 방패를 갖춘 어른이 되길 바란다.

차 례

\

1장 – 당신과 나 사이 관계

4장 – 비혼과 기혼, 연애 사이 사랑

5장 – 감정 과잉과 감정 부재 사이 위로

1장

당신과 나 사이

관계

나는 불행하지 않았고 삶에 대해
지나치게 요구도 하지 않았기 때문에
나는 행복하다고 나 자신과 타협할 수
있었다.

| 루이제 린저(Luise Rinser), 소설가

이해, 자신과의 포옹

: 헤르만 헤세가 전하는 내 인생 해석권

나무 아래 피어난 장미 덤불 Rosebushes under the Trees(1905)[1]
구스타프 클림트 Gustav Klimt(1862-1918, 오스트리아)

1   클림트는 〈키스〉를 비롯한 황금빛 그림과 퇴폐미로 잘 알려져 있지만 개인적으로 그가 그린 자연 풍경화
를 더 좋아한다. 클림트는 해마다 여름이면 복잡한 빈을 떠나 아터호수(Attersee)를 찾아 그곳에서 꽃, 나무 등을
자주 그렸다. 그에게는 자연이야말로 복잡한 속세에서 벗어나 온전하게 이해받을 수 있는 곳이 아니었을까. 그
래서인지 클림트의 풍경화는 평화롭기 그지없다.

모두가 같은 심연에서 왔지만,

저마다 자신의 고유한 목적지를 향해 가기 위해 애쓴다.

우리는 서로를 이해할 수 있다.

그러나 서로의 인생을 해석할 수는 없다.

내 인생의 해석권은 오직 내게만 있다.

《인생의 해석: 헤르만 헤세 인생론》
헤르만 헤세 지음, 배명자 편역, 7-8쪽, 반니, 2022.

바람의 육중한 무게를 느낀 건 2018년 독일에서의 겨울이었다. 그해 연말 연일 이어진 강풍은 모두를 두려움에 떨게 했다. 내 품으로 파고드는 바람을 어찌 막아낼 도리가 없었다. 안쪽으로 몸을 움츠릴수록 바람은 더 깊숙이 안으로 안으로 후벼 팠다. 바람 앞에 어쩔 줄 몰라 한 나와 달리 어떤 나무들은 아무리 세찬 바람이 휘몰아쳐도 끝내 부러지지 않았다. 또 어떤 나무들은 힘없이 무너져 주변을 초토화시키며 자멸했다.

간헐적으로 귓가를 간지럽히는 산들바람과 예고 없이 닥치는 돌풍 사이에 이리 치이고 저리 치일 때면 2018년 강풍에 맞서던 라이프치히 클라라 파크의 나무들을 떠올려 보곤 했다. 과연 내 나무의 뿌리는 얼마나 튼튼할까.

인간관계는 마치 땅속으로 뻗어 있는 나무뿌리와 같다. 보이지는 않지만 많은 것들이 저 언저리에 얽히고설켜 있다. 실제로 전 세계 나무들의 뿌리는 뒤엉켜서 하나의 망을 이루고 있다고 한다. 학자들은 그것을 가리켜 우드 와이드 웹(The Wood Wide Web)으로 지칭한다. 한때 나도 관계의 우드 와이드 웹 확장에 골몰하던 시기가 있었다. 방송작가라는 직업적 특성상 학연, 지연과 같은 인맥이 곧 능력으로 인정받던 때. 누가 누구를 섭외하느냐로 경쟁해야 할 때. 그 정글 속에서 20년을 버텼으니 연륜이 쌓일수록 뿌리가 확장되는 나무처럼 내 인간관계의 지평도 넓어져야 하겠지만 전혀 그렇지 않다. 외려 그 반대가 됐다.

인간관계는 30대 중반 즈음 5년 동안 독일에 살게 되면서 완전히 바뀌었다. 불편함을 무릅쓰고라도 억지로 유지해온 관계들이 끊어지거나 느슨해졌다. 아주 얇고 가늘게 이어져 오던 간헐적 잔가지들은 모두 저 바람에 휩쓸려 날아가 버렸다.

오래된 친구들 역시 각자의 삶이 바쁘다 보니 예전만큼 자주 만나지 못했다. 모든 연결의 뿌리가 느슨해졌다고나 할까. 그렇다고 벗들과의 관계가 나빠졌다는 것은 아니다. 자주 만나지 않아도, 매일 연락하지 않아도 오히려 더 깊은 이해를 바탕으로 한 관계도 있으니까. 그들과는 아마도 오래 뿌리 내리며 살 것이라고 믿는다.

관계의 변화가 일순간 외로움을 부추기기도 했지만, 동시에 자유롭기도 했다(사실 홀가분함이 더 컸다). 인간관계란 복잡하게 얽힌 실타래인 줄만 알고 풀어보려 애쓴 적도 있다. 살다 보니 풀리지 않는 실은 그냥 두어도 괜찮다는 것을 알게 됐다. 그걸 푼다고 해서 앞으로의 인생이 술술 잘 풀리는 것도 아니다.

헤세의 인물들은 대부분 '관계'로 번민하지만 '관계'를 등에 업고 성장한다. 《수레바퀴 아래서》, 《데미안》, 《싯다르타》 등 그의 작품에 나오는 주인공들은 사람으로 인해 쓰러지지만, 또 사람에 의해 일어서고 나아간다.

한스에게는 하일너가, 싱클레어에게는 데미안이, 싯다르타에게는 고빈다가 있었다. 관계가 작가의 화두였던 배경에는 인도 문화에 관심이 많았던 그가 동양의 인연설에 영향을 받았을 거라는 설도 있고, 감정 기복이 잦았던 유년 시절과 가족 관계, 이후에 이어진 이혼과 재혼 등 우여곡절 많았던 개인사도 기인하지 않았겠냐는 설도 있다.

나는 후자에 더 가능성을 둔다. 그도 그럴 것이 불운의 먹구름은 대부분 그렇듯 한 번에 오지 않는가. 헤세가 37세가 되던 해 아버지가 돌아가셨다. 곁에는 장애가 있는 아들과 조현병으로 고통받는 아내가 있었다. 작가 자신도 신경쇠약 및 우울증을 앓았다. 새로운 탈출구가 필요했던 그에게 카를 구스타프 융이 그림을 권했다. 작가는 마흔에 붓을 들었다(그러니까 마흔은 무엇이든 시작할 수 있는 나이다).

그림은 심신 안정에 큰 도움이 됐다. 집필 활동에도 긍정적인 영향을 미쳐 42세에 《데미안》(1919년)을 발표하기에 이른다. 너무나 유명한 문장, '새는 알에서 나오려고 투쟁한다. 알은 세계이다. 태어나려는 자는 하나의 세계를 깨뜨려야 한다'[2]는 치열했던 마흔의 고뇌 끝에 탄생했다. 헤세는 자신에게 주어진 기존의 틀을 깬 새로운 시도를 하고 싶었다. 기존 작과 달라진 작품에 대한 파문을 예상하고, '에밀 싱클레어'라는 가명으로 《데미안》을 발표한다. 책은 엄청난 인기몰이를 했고, 그 필력은 숨길 수 없었다. 한 평론가에 의해 헤세의 작품임이 밝혀졌고 작가 역시 본인임을 인정하면서 책은 그의 이름으로 재출간된다. 헤세는 이미 유명한 작가였기 때문에 무(無)에서 새로운 도전을 해보고 싶었다고 배경을 밝혔다. 알을 깨야 나아갈 수 있다는 메시지는 결국 자신에게 하고 싶었던 말인 셈이다. 작가가 말했듯 한 번쯤은 두려워 말고 새로운 이끌림에 몸을 맡겨봐야 한다.

《데미안》의 성공에도 불구하고 아버지의 죽음, 아내의 아픔, 유명 작가였던 자신에게 주어진 갖가지 편견과 평가까지. 그는 세상과 화해할 수 없었다. 자주 자신의 동굴에 들어갔고 정신적으로 고통스러운 삶을 살았다. 내 속에서 스스로 솟아 나오는 것[3]을 살아 보는 것은 쉽지 않았다.

2 헤르만 헤세 지음, 전영애 옮김, 《데미안》, 122쪽, 민음사, 2000.
3 헤르만 헤세 지음, 전영애 옮김, 《데미안》, 4쪽, 민음사, 2000.

그의 관계는 복잡한 넝쿨과도 같았다. 결국 작가가 극복해야 했던 관계는 아내도 세상도 아닌 바로 자기 자신이 아니었을까. '우리가 어떤 사람을 미워한다면 우리는 그의 모습에서 바로 우리 자신 속에 들어앉아 있는 무언가를 보고 미워하는 거지. 우리 자신 속에 있지 않은 것, 그건 우리를 자극'[4]하지 않는다.

인간관계가 힘들어질 때면 제일 먼저 나와의 관계를 돌이켜 본다. 상대를 대하는 태도는 곧 나를 대하는 태도다. 관계의 열쇠는 '나'에게 있다. 선과 악 사이에서 끊임없이 번민하던 싱클레어가 종착역에서 만난 것은 흔들리지 않는 '자신'이었다. 삶이라는 길은 결국 자신에게 이르는 길이다. 그리고 우리는 주어진 그 길을 굴절 없이 온전히 살아내야 한다. 내가 나를 이해할 때 그 어떤 바람에도 흔들리지 않는 나무로서 이 땅에 뿌리내릴 수 있을 것이다. 나를 이해하면 타인을 이해하고 나아가 세상을 이해하는 힘이 생긴다. 물론 그럼에도 이해라는 것은 쉽지 않다. 나무의 아름다움을 모아두었다가 힘들 때마다 꺼내 보곤 했던 40대의 헤세가 오늘의 40대에게 전한다.

"한 그루 나무는 우리에게 말을 건넨다. 조용히 해봐!
조용히 하렴. 삶은 쉽지 않단다. 하지만 어렵지도 않아."[5]

4   헤르만 헤세 지음, 전영애 옮김, 《데미안》, 149쪽, 민음사, 2000.
5   헤르만 헤세 지음, 안인희 옮김, 《헤르만 헤세의 나무들》, 11쪽, 창비, 2021.

품격, 나와 타인을 똑같이 존중하는 태도

: 찰스 디킨스가 전하는 신사의 조건

풀밭 위의 점심 식사Luncheon On The Grass(1863)[6]
에두아르 마네Edouard Manet(1832-1883, 프랑스)

6 이 작품은 출품하자마자 선정성으로 논란을 빚었다. 세련되고 우아한 얼굴과 몸짓으로 교양있는 대화를 나눌 것 같은 품위 있는 신사들. 과연 그들은 속으로 무슨 생각을 할까. 어쩌면 실제로 여자들은 남자들과 마찬가지로 격식 갖춘 옷을 입고 있었을지도 모른다. 화가는 속물근성으로 가득한 변질한 신사의 모습을 그들의 속마음(발가벗은 여인의 모습을 상상하는 신사들)으로 표현한 것은 아닐까.

마음이 진정한 신사가 아닌 사람이

행동에 있어서 전정한 신사가 된 적은

세상이 시작된 이래 결코 없었다는 것이

우리 아버지의 지론이거든.

아버지는 말씀하시길, 어떤 왁스 칠도 나뭇결을 가릴 수 없으며,

우리가 왁스 칠을 하면 할수록 오히려 그 나뭇결이

더욱더 잘 드러나게 마련이라고 하셨어.

《위대한 유산 1(Great Expectations, Volume 1)》
찰스 디킨스 지음, 이인규 옮김, 332쪽, 민음사, 2009.

작은 행동 하나가 그 사람에 대한 이미지를 결정 짓는다.

가끔 프로그램 종영 시 회식을 주도하는 출연자는 있지만 명절이라고 스태프를 챙기는 출연자는 드물다. 그는 달랐다. 추석이나 설 때마다 같이 일하는 작가들에게 크고 작은 마음을 표현했다. 더욱이 메인 스태프들보다 막내 작가, 조연출 같은 젊은 친구들에게 더 친절했고 관대했다. 항상 막내 작가들을 우선으로 여겼고 제일 좋은 선물을 건넸다.

방송계에 종사하다 보면 별의별 사람을 다 만난다. 얼토당토않은 요구를 하는 스타도 많고, 안하무인의 고위층 관리자도 있었다. 가진 것을 빌미로 갑질을 하는 것은 부지기수, 연륜을 운운하며 꼰대 짓을 하는 이도 수없이 봤다. 나이가 들수록 경제적으로 풍족해지지만, 인격도 그에 비례해 풍족해지는 것은 아니다. 평균으로 보면 매너보다는 비매너에 가까운 사람들이 득세였다.

요절복통 방송 판에서 나는 처음으로 그 출연자를 통해 '품격'을 느꼈다. 모두에게 평등한 친절뿐만 아니라 상대의 잘못을 지적할 때조차 그 사람의 입장을 먼저 헤아렸다. 진정한 품격은 지위나 돈이 아닌 타인을 존중하는 태도에서 나온다는 것을 배웠다.

행동뿐만 아니라 언어도 마찬가지다. 책을 읽거나 화술을 배우거나 유튜브를 찾아보는 것은 기술적인 부분이다. 품격은 열심히 공부한다고 만들어지는 것이 아니다. 고학력이거나 학식이 높아도 말을 거칠게 하는 사람은 다분하다. 입 밖으로 내뱉기 전 머릿속으로 상대에게 전달할 단어를 세심하게 고민하고 선택하는 것에서부터 품격은 출발한다. 적절한 순간에 적절한 말을 고르는 능력, 불필요한 논쟁이나 과도한 감정 표현을 삼가고, 때로는 침묵 속에서 더 큰 의미를 전할 수 있는 센스가 곧 품격이다.

품격을 말하면 '신사'가 대명사처럼 떠오른다. 〈신사의 품격〉이란 드라마의 영향도 있겠으나 '품격'과 '신사'는 마치 한 쌍으로 느껴진다. 튀지 않지만 우아한 선의 미학이 깃든 근사한 슈트, 점잖은 몸짓, 적당히 톤 다운된 교양있는 말투, 이 모든 것을 뒷받침해줄 경제력과 명예까지. 우리가 일반적으로 상상하는 신사의 모습이다.

19세기 영국은 산업혁명을 기반으로 부자가 된 신흥 세력들이 떠오르고 있었다. 대대손손 귀족이 아니라도 재산과 교양을 쌓는다면 누구나 신사가 될 수 있는 시대가 도래한 것이다. 찰스 디킨스는 《위대한 유산》을 통해 신분 제도가 와해되는 시기를 배경으로 '진정한 신사'란 어떤 사람인지, 어떤 조건을 갖추어야 하는지를 말한다.

극 중 주인공 핍은 사회적 지위와 품격을 동일시했지만, 여러 경험을 통해 더 많은 재화가 더 나은 사람을 만들지 않음을 알게 된다. 품격은 예측할 수 없는 상황에서 어떻게 행동하며, 타인을 어떻게 대하며, 무엇을 소중히 여기는가에 따라 드러난다. 책 속에는 여러 층위의 상류층 사람들이 등장하지만 진정한 의미의 신사는 뜻밖의 인물이었다. 다름 아닌 교육을 받지 못했고 사회적 지위도 낮은 조. 작가는 왜 마지막에 이르러 그를 신사로 정의내렸을까. 조는 아내의 동생인 핍을 친자식처럼 키웠고, 타인을 위해 자신을 희생했으며 어떤 상황에서도 도덕적 중심을 잃지 않았다. '깊은 애정과 감사와 관대함의 감정을 기나긴 세월 동안 조금도 변함없이 간직해 온'[7] 사람이었다. 작가는 조를 통해 진정한 신사는 외적인 성공에 의존하지 않으며 무엇보다 '인간에 대한 깊은 이해와 사랑을 품은 사람'이라고 설명한다. 아울러 신사의 조건에 필수적으로 행복한 가정이 있어야 함을 강조했다(정작 찰스 디킨스 자신은 아내와 그리 화목하지 못했다. 언행일치란 참으로 어려운 일이다). 품격이란 나의 인격을 대변할 뿐만 아니라 내

---

7   찰스 디킨스 지음, 이인규 옮김, 《위대한 유산 2》, 356쪽, 민음사, 2009.

가 살아가는 방식, 나의 삶 그 자체인 셈이다.

무엇보다 살면서 '품격'이라는 단어를 품고 싶은 이유는, 마음
에 품격이 아로새겨 있다면 상대뿐만 아니라 나 스스로도 분노
나 좌절, 혹은 기쁨에 지나치게 휩쓸리지 않을 것이기 때문이다.
감정을 인정하되, 그것에 지배당하지 않는 것. 격한 상황 속에
서도 침착함을 유지하며, 이성적으로 판단할 수 있는 여유. 과
연 나는 그 고매한 성품에서 우러나오는 고아한 평온함에 다다
를 수 있을까.

프로그램을 만드는 내내 크고 작은 근사한 행동으로 감명을 주
었던 그 출연자는 지금도 우리 사회의 품격있는 어른으로 활동
하고 있다. 근사함은 처음부터 만들어지는 것이 아니다. 40대는
조용한 힘을 가진, 품격 있는 어른이 되기 위해 마음을 닦는 시
기다. 품격은 노력하는 만큼 쌓이는 법.

굳지 않는 마음, 지치지 않는 성미,

아프지 않은 손길을 가져라.

찰스 디킨스

갈등, 당신과 나의 적정 거리

: 루이제 린저가 전하는 침묵이라는 열쇠

동백꽃을 든 자화상Self-portrait with a Camellia Branch(c. 1906-1907)[8]
파울라 모더존 베커Paula Modersohn-Becker(1876-1907, 독일)

[8] 여성 최초로 자신의 누드 자화상을 그린 파울라는 아내와 화가의 역할 사이에서 끊임없이 갈등했다. 동
시에 자신에 대한 확신을 한시도 잃지 않았다. 아직 피지 않은 동백꽃은 내적 갈등 속에서 피어날 자아실현을
상징하는 것만 같다.

사람은 자기 자신에 대해 이야기해서는 안 됩니다.

순전한 이기심에서 나온 것이라 해도 안 됩니다.

왜냐하면 마음을 쏟아버리고 나면 우리는

이전보다 더욱 비참하고 두 배나 더 고독하게 되기 때문입니다.

사람이 자기 속을 보이면 보일수록

타인과 더욱 가까워진다고 믿는 것은 환상입니다.

가까워지기 위해서는 말 없는 공감이 제일입니다.

《삶의 한가운데(Mitte des Lebens)》
루이제 린저 지음, 박찬일 옮김, 127쪽, 민음사, 1999.

물리적인 나이에 대한 개념이 현실로 표출되는 경우는 8할이 사회생활이다. 나와 같이 현장에서 일했던 PD나 조연출들이 이제는 차장 혹은 부장, 국장의 자리에까지 올랐다. PD가 아닌 국장이라고 부를 때면 왠지 그 발화되는 어감이 어색하다. 반대로 현장에는 나보다 어린 친구들이 많아졌다. 내 위에 선배는 다섯 손가락으로 꼽을까 말까. 의중을 알 수 없는 20대 후배와 여전히 '라떼는 말야~'를 외치는 선배 사이에서, 젊음으로 무장한 MZ 세대 PD와 전형적인 꼰대가 되어 버린 부장(과거에는 PD였던) 사이에서 이리 치이고 저리 치이며 하루에도 수없이 화를 삭이기 일쑤다.

사회생활뿐만이 아니었다. 사랑해서(혹은 사랑한다고 착각해서) 한 결혼생활에도 불화의 불씨는 늘 있었고, 일평생 봐온 가족 역시 관계가 평화롭게만 지속되지 않는다. 사회적인 관계는 잘 몰라서, 가족관계는 너무 잘 알아서 갈등이 생긴다. 그렇다면 대체 어쩌란 말인가. 40대는 불혹이 아닌 '불화'의 나이임이 틀림없다. 과연 나는 이 불화를 연소시킬 만한 장비를 갖추고 있는가.

쇼펜하우어는 갈등으로 어려움을 겪는 이들에게 고슴도치 우
화를 들려준다. 그는 1851년 발표한 자신의 책 《소품과 부록
(Parerga und Paralipomena)》을 통해 인간관계의 특징을 고슴도
치에 비유했다.

몹시 추운 겨울, 고슴도치들이 극한을 이기기 위해 옹기종기 모
였다. 서로의 체온을 나누기 위함이었지만, 그들의 신체적 특성
상 가까이 접촉하면 상대의 가시에 찔릴 수밖에 없었다. 결국 멀
리 떨어지기로 하지만 계속되는 혹한에 또다시 모여드는 패턴
이 반복된다. 떨어졌다 가까이하기를 되풀이하던 고슴도치들은
여러 시도 끝에 서로가 안전하면서 체온도 유지할 수 있는 적절
한 거리를 찾는다.

이 우화는 좋은 관계를 위한 갈등 해결법으로 '적절한 거리'를 제
시한다. 아무리 나와 맞는 사람이어도 심지어 가족이라 할지라
도 자주 만나다 보면 부딪히는 일이 생긴다. 오히려 가까운 사이
일수록 상처주는 일은 더 흔하다. 우리 모두에게는 가시가 있고
표출 방식도 다양하다. 질투, 허영, 자만, 과시, 결핍 등. 이 가시
들은 의도하든 의도치 않든 상대를 찌를 수 있고 피 흘리게 할
수 있다. 반대로 나 역시 상대의 가시에 찔려 상처받을 수 있다.

물론 그 '적절한 거리'가 무심함으로 변질되지 않을까 걱정도 된다. 나이가 들수록 관계에 대해 더 수동적으로 변하니까. '살아보니 남들한테 잘하는 거 다 부질없더라'에서 오는 깨달음인지, 더는 상처받고 싶지 않은 방어기제 때문인지는 모르겠다.

루이제 린저는 말한다. "우리가 안다고 생각하면 할수록 우리는 고양이 발걸음처럼 사는 법을 배우게 되지. 점점 조용하게, 점점 더 절대성은 없어지지. 이것은 또 늙어가기 시작한다는 징조야."[9] 이 대목을 읽고 약간 슬펐다. 나이가 들수록 나라는 사람의 절대성이 사라진다는 것. 이것이야말로 나이듦의 증거라는 것. 인간은 본능적으로 관계 맺기를 원하면서도 막상 가까워지면 주춤한다.

소설 《삶의 한가운데》 속 중년의 슈타인은 사랑 앞에서 끊임없이 머뭇거린다. 평범한 남자의 삶은 어느 날 불현듯 나타난 니나로 인해 완전히 달라진다. 그는 무려 18년 동안 사랑하는 여자가 다른 남자와 결혼을 하고, 임신을 하고, 나치에 투쟁하고, 삶을 포기하려는 일련의 과정을 바라만 본다. 수도 없이 내적 갈등을 겪지만 그것은 오직 마음 안에서만 일어날 뿐. 직접적으로 여자의 삶에 개입하지 못한다.

---

9   루이제 린저 지음, 박찬일 옮김, 《삶의 한가운데》, 69쪽, 민음사, 1999.

사랑을 받는 쪽인 니나라고 마음이 편한 것은 아니다. 자신이 추구하는 가치관과 전통적인 여성의 역할을 강요하는 사회 사이에서, 이상과 현실 사이에서 끊임없이 갈등한다. 더욱이 히틀러가 집권하면서 시대의 불안과 혼란은 가중된다.

사실 '갈등'이라는 주제로 글을 쓰면서 어떤 책으로 풀어나갈지 고민이 많았다. 문학 특히 소설이라는 장르에서 '갈등'은 빠질 수 없는 요소이기에, 갈등이 등장하지 않는 작품은 없다고 해도 과언이 아니다. 그래서 갈등을 다룬 무수한 작품 가운데 딱 한 권을 꼽기가 어려웠다. 그중 나는 읽는 내내 가장 속 시끄러웠던 작품을 골랐다. 복잡미묘한 니나라는 여성의 심리상태와 그녀를 바라보는 마찬가지로 꼬집어 설명하기 힘든 슈타인, 전쟁으로 흔들리는 안팎의 정세 등 이 책 자체가 갈등의 집합체였다. 책을 읽는 내내, 내 마음은 조용하지 못했다.

대부분의 문학은 인간이 갈등 속에서 어떻게 성장하는지를 그린다. 뒤집어 보면 갈등이 없다면 인간은 성숙할 수 없다. 동시에 우리를 위로하는 것은 갈등이 꼭 나에게만 잔류하는 것은 아니란 점이다. '우리 모두는 약간은 비겁하고 계산적이고 이기적'[10] 이다. 그렇기 때문에 모든 세대에게 갈등은 존재한다. 만약 서로 간의 갈등이 아예 없다면 그 관계는 배려를 가장한 가짜일 수 있

---

10 루이제 린저 지음, 박찬일 옮김, 《삶의 한가운데》, 151쪽, 민음사, 1999.

다. 각자의 고유성을 가진 인격체들이 만났는데, 단 한 번의 갈등 없이 관계를 유지한다는 것이 가당키나 할까. 한쪽이 꾹 참고 있거나 아직은 상대에게 자신의 진면목을 다 내비치지 않았을 가능성도 크다. 관계라는 건 완벽하지 않은 자신을 인정하면서 서로를 이해하려는 불완전한 시도이니까.

언제든지 찾아올 수 있는 갈등을 어떻게 하면 잘 관리할 수 있을까. 그 열쇠로 루이제 린저는 '침묵'을 제시했고 쇼펜하우어는 '거리'를 조언했다. 독일인이라는 공통점을 가진 두 사람이 생각한 해결책은 결국 '텅 비어 있는', '어떤 공백', 그러니까… '각자 숨쉴 수 있는 공기' 같은 것이 아니었을까. 방송으로 만났던 한 스님도 비슷한 조언을 한 적이 있다. 모든 갈등의 해결법은 '상대방을 있는 그대로 받아들이는 것이다.'

'나는 불행하지 않았고 삶에 대해 지나치게 요구도 하지 않았기 때문에 나는 행복하다고 나 자신과 타협할 수 있었다.'[11] 슈테판의 독백에 힌트가 있다. '타인은 결코 나보다 탁월한 존재가 아니고, 열등한 존재도 아니므로 특별한 이유가 없는 한 늘 이런 마음가짐으로 타인을 대하면 문제'[12]될 것이 없다. '기다림을 배우고, 침묵을 배우고, 경청을 배운다.'[13]

11   루이제 린저 지음, 박찬일 옮김, 《삶의 한가운데》, 37쪽, 민음사, 1999.
12   나쓰메 소세키 지음, 김재원 옮김, 《나쓰메 소세키 서한집》, 209쪽, 인다, 2020.
13   헤르만 헤세 지음, 배명자 편역, 《인생의 해석: 헤르만 헤세 인생론》, 136쪽, 반니, 2022.

닥터 수스는 '나를 못마땅하게 여기는 사람은 내게 중요하지 않고, 내게 중요한 사람은 나를 못마땅하게 여기지 않는다'고 했다. 우리는 모든 사람과 꼭 잘 지내야 한다는 강박관념을 내려놓을 필요가 있다. 나를 탐탁지 않게 여기는 사람을 계속해서 곱씹어 생각하며 스트레스받을 이유가 없다. 상대방이 나를 미워한다면 그럴 수도 있다고 생각하면 된다. 모든 사람이 나를 좋아할 수는 없으니까. 미움받을 용기도 필요하다고 하지 않았던가. 모두와 좋은 관계를 유지해야 한다는 착한 사람 콤플렉스가 오히려 나를 힘들게 만드는 것인지도 모른다. 정해진 틀에 상대를 끼워 맞추려 하기보다 조금은 헐렁하게 상대를 바라보자. 약간의 힘만 빼도 관계는 단순해지고 명료해진다.

어리석은 사람은 할 수 있는 일은 하지 않고
반대로 할 수 없는 일을 하려고 애쓴다.
그러나 지혜로운 사람은 할 수 없는 일은 하지 않고
자기가 할 수 있는 일만을 열심히 한다.

〈증일아함경〉 중에서

슬픔, 인생의 본질을 마주하는 것

: 마르그리트 뒤라스가 전하는 슬픔 사용 설명서

녹턴: 블루 앤 실버-보그너Nocturne: Blue and Silver-Bognor(1871-1876)[14]
제임스 애벗 맥닐 휘슬러James Abbott McNeill Whistler(1834~1903, 미국)

[14] 휘슬러는 쇼팽의 〈녹턴〉에서 받은 영감을 녹턴 시리즈로 표현했다. 쇼팽의 음악이 주는 푸른 슬픔이 캔
버스로 옮겨진 것만 같다.

나는 항상 얼마나 슬펐던가.

내가 아주 꼬마였을 때 찍은 사진에서도

나는 그런 슬픔을 알아볼 수 있다.

오늘의 이 슬픔도 내가 항상 지니고 있던 것과

같은 것임을 느꼈기 때문에,

너무나도 나와 닮아 있기 때문에

나는 슬픔이 바로 내 이름 같다는 생각이 든다.

오늘 나는 그에게 말한다. 이 슬픔이 내 연인이라고.

《연인(L'Amant)》
마르그리트 뒤라스 지음, 김인환 옮김, 57쪽, 민음사, 2007.

펑펑 울어본 기억이 언제였더라. 기억이 잘 나지 않는다. 그렇다고 근래의 삶이 평탄했던가. 그것도 아니다. 하루하루 살아가기 바쁜 팍팍한 현실은 충분히 슬퍼할 감정의 여유 따위 남겨두지 않는다.

슬픔이란 감정은 복잡하다. 단순한 우울이 아니라, 어떤 깊고 넓은 우물에서 길어 올려지는 복합적인 감정이다. 보이지 않는 이 감정을 눈물이라는 형태로 표현할 수도 있겠지만, 눈물의 층위 역시 행복, 고통, 오열 등 다양하다. 《연인》이 특별했던 이유는 슬픔을 사랑에 국한하지 않은 데에 있었다.

'돌로 된 가족, 어떤 접근도 불가능한 두꺼운 퇴적물 속에서 화석이 되어버린 가족'[15]의 일원인 주인공은 삶을 증오했다. 그 누구에게도 기댈 것 없었던 소녀의 삶은 슬픔 그 자체로 얼룩졌다. 사

---

15 마르그리트 뒤라스 지음, 김인환 옮김, 《연인》, 69쪽, 민음사, 2007.

랑은 유일한 도피처였고, '온몸에 퍼붓는 입맞춤이 나를 울게 했고, 눈물은 과거를 달래주었고, 미래 역시 달래주었다.'[16]

외로워도 가난해도 사랑에 빠져도 가끔은 기뻐도 우리는 슬플 수 있다. 슬픈 순간은 언제든 다가오지만, 나이의 층위에 따라 슬픔의 결도 달라진다.

마흔의 슬픔은 시간의 흐름에 대한 인식에서 비롯된다. 20대와 30대에 비해 훨씬 빠르게 지나가는 시간은 마흔에 접어들면서 가속화된다. 무엇보다 가장 슬픈 건 아플 때다. 내 몸이 말을 듣지 않으면 속절없이 슬퍼진다. 슬픔의 결이 이렇게나 달라진다. 감정에 대한 대응법이 변모해간다. 실연 앞에 뼈아프지 않다. 노래 가사를 듣는다고 울지 않는다. 드라마나 영화 속 주인공에게 감정이입이 되어 훌쩍거리지도 않는다. 그런데 이상하게 남의 결혼식에 가면 눈물이 나온다. 예기치 못한 포인트에서 눈물이 나는 것도 감정의 노화인지, 주책인지 도통 모르겠다.

슬픔에도 열정이 있다면, 그 열정은 사그라들었다. 가끔은 마음껏 슬픔을 소비하던 그때의 내가 그립기도 하다. 슬픔을 과잉소비하던 그 자리엔 슬픔을 이겨낸 자국이 하나, 둘 새겨졌다. 더는 슬픔이란 감정 자체가 일상을 뒤흔들지 않는다. 슬퍼도 견뎌

16 마르그리트 뒤라스 지음, 김인환 옮김, 《연인》, 58쪽, 민음사, 2007.

야 할 삶이 있고, 책임져야 할 사람이 있다. 무엇보다 이 슬픔 역시 지나갈 것임을 안다. 슬픔을 겪는다는 것은 곧 인생의 본질을 마주하는 것임을.

작가는 이 작품을 일흔에 이르러서 완성했다. 과연 그 나이 즈음 되면 슬픔을 똑바로 직시할 수 있을까. 사랑하는 사람의 죽음, 예상치 못한 이별, 직장에서의 좌절, 혹은 그저 지나가는 시간으로부터 느껴지는 공허함. 어른의 슬픔은 우리의 마음을 무겁게 짓누르고, 때로는 아무리 애써도 그 슬픔에서 벗어나기 어렵게 한다. 하지만 결단코 슬픔은 우리의 적이었던 적이 없다. 오히려 그것은 우리를 더 깊고 넓게 만들었다. 슬픔을 온전히 바라보고 느끼고 받아들여 보자. 슬픔이 내 연인이라면, 기꺼이 그 슬픔을 껴안아 보자. 단 슬픔이 나의 전부가 되도록 내버려 두지만 않으면 된다. 슬픔의 강은 우리를 넘어 더 넓은 바다로 흘러갈 것이다. 어느새 투명한 바닷바람에 눈물이 마르고 인생은 그렇게 흐르고 흐른다.

2장

이상과 현실 사이

꿈

노력하는 인간 외에
꿈꾸는 인간이 살고 있었다.

| 미겔 데 세르반테스(Miguel de Cervantes), 소설가

자유, 모든 것으로부터 도망쳐! '나'로부터도

: 프랑수아즈 사강이 전하는 자유를 쟁취하는 법

해변 산책Strolling along the Seashore(1909)[1]
호아킨 소로야Joaquin Sorolla(1863-1923, 스페인)

[1] 호아킨 소로야는 찰나의 순간을 빠른 붓 터치로 포착해낸 작가로 유명하다. 그는 스페인의 시원한 바다 풍경과 여인들을 자주 그렸다. 구두와 흰 드레스가 모래에 범벅이 될지도 모르는데, 전혀 개의치 않고 해변을 걸으며 해풍을 맞는 그녀들의 모습에서 해방감이 느껴진다. 자유를 품은 자의 환희가 캔버스 밖으로 튀어 나올 것만 같다.

삶에서 도망쳐,

사람들이 삶이라고 부르는 것에서 도망쳐,

온갖 감정들로부터 도망쳐,

내 장점과 단점들로부터 도망쳐,

수없이 많은 은하수 중 하나의 100만분의 1 면적에서

잠시의 호흡이 되고 싶었다.

《신기한 구름(Les merveilleux nuages)》
프랑수아즈 사강, 최정수 옮김, 152쪽, 북포레스트, 2021.

시간도 선물이 될 수 있다는 개념은 언제부터 시작됐을까. 종종 생일을 맞이한 지인들에게 어떤 선물을 받고 싶냐고 묻는다. 이는 상대에 대한 배려인지, 선물 고르는 시간과 실패 확률을 줄이기 위한 꼼수인지 잘 모르겠지만, 최근 몇 년 사이 돌아오는 대답은 한결같았다.

'혼자만의 시간을 갖고 싶어! 그것도 간절히!'

아이러니하게도 20대엔 둘이 되길 바랐고 30대엔 셋 이상이 되길 바랐던 자아는 이 모든 걸 갖게 되자 다시 혼자이길 바란다 (물론 모두가 그런 것은 아니다). 인간이란 동물의 이중성은 아무리 말해도 모자람 없으니 이 또한 어쩔 수 없다. 그 이중성을 설명하기란 어렵지만 자주 혼자 있고 싶어 하고 또 자주 같이 있고 싶어 하는 것은 인간의 본능 같은 것일지도 모르겠다. 분명 사랑해서, 함께 있고 싶어서, 혼자가 아닌 둘의 삶을 선택했지만 때로 격렬하게 혼자이고 싶어진다. 아침 햇살이 비추는 바다가 한눈에 보이는 테라스에 앉아 커피를 마시며 아무 생각 없이 그저 파도에 시간을 흘려보내는 혼자만의 시간을 우리 모두는 염원한다. 다음 문장은 상상만 해도 즐겁다. '그녀는 해변에 혼자 누워 시간을 흘려보내듯이, 시간이 흘러가는 소리를 듣듯이, 아무도 없는 거실에서 주저하며 다가오는 여명을 바라보고 있었다.'[2]

가정이란 울타리뿐만 아니라 사회생활을 할 때도 마찬가지다. 가끔은 사람들과 어울리며, 그들과의 대화 속에서 에너지를 얻는다. '이런 게 사는 거지' 잔을 부딪치다가도 일순간 다 의미 없고 부질없이 느껴질 때가 있다. 불현듯 집으로 도망치고 싶은 욕망이 터질 듯 올라온다. 슬며시 이제 그만 가봐야겠다며 무리를 비켜 나온다. 집에 가면 두 다리 쭉 뻗고 편안히 쉴 것 같지만 그렇지만도 않다. 허탈함이 재차 밀려온다. 왜 이렇게 인생이 쓸쓸하지. 함께일 때도 혼자일 때도 외로움은 마치 정찰벌처럼 윙윙 내 주변을 맴돈다.

대체로 자유를 원하는 지수가 높아지는 순간은 세상의 요구와 기대 속에서 나 자신을 잃어갈 때다. 그럴 때면 우리는 나를 둘러싼 모든 것들로부터 도망치고 싶어진다. 자유의 다른 이름은 잊힌 나를 찾아가는 시간이다. 철저히 나를 위한 시간이 필요할

---

2   프랑수아즈 사강, 최정수 옮김, 《신기한 구름》, 152쪽, 북포레스트, 2021.

때 우리는 자유를 갈망한다.

많은 이들이 내 삶을 공격한다. 조용히 흐르는 강물처럼 살고 싶지만, 삶의 속성은 바다에 가깝다. 자주 밀물과 썰물이 번갈아 오가며 때때로 폭풍우를 몰고 오기도 한다. 어쩌면 마흔 이후의 삶은 물 위에서 노래하는 일 같은 것일지도 모르겠다. 애써 균형을 잡았다 싶으면 또 한 번의 세찬 물결이 밀려온다.

사강은 유독 고독과 자유를 중시한 사람으로 유명하다. 작품에서도 자유, 고독, 외로움, 사랑이란 키워드가 자주 등장한다. 작가는 자유란 쟁취하는 것이지 모든 것이 정리된 이후에 알아서 찾아오는 것이 아니라고 말한다. 아이가 좀 크면, 직장에서 승진하면, 내 집을 마련하면…. 그러니까 '○○ 하면 자유를 찾겠다'는 가정법으로는 절대 자유를 만질 수도 가질 수도 없다.

많은 40대가 생일 선물로 혼자만의 시간을 원하는 이유는, 나를 이해하고 사랑하는 시간이 필요하다는 것. 그 자유가 충족될 때 또다시 내 주변을 사랑할 힘이 생긴다는 것을 본능적으로 알고 있기 때문일 것이다.

우리는 자유가 필요하다는 것을 이미 체득했다. 그렇다면 실천해볼 참이다. 우리 모두에게는 자유를 향해 달려갈 용기가 내재되어 있다. 꼭 일상을 박차고 저 멀리 떠나는 것만이 자유는 아니다. '생활 너머의 것을 좋아할 여유'[3] 정도면 충분하다. 다시 한 번 뜨겁게 나를 사랑하기 위해. 두 번째 스물엔 두 번째 자유를 만날 채비를~!

3 프랑수아즈 사강 지음, 김남주 옮김, 《브람스를 좋아하세요》, 57쪽, 민음사, 2008.

이 넘쳐나는 풍요 속에서

삶은 느닷없고, 까탈스럽고, 방만하고,

거대한 열정의 곡선을 그려간다.

일생은 쌓아가는 게 아니라 불태우는 것이다.

《결혼Noces》 속 단편 수록작 〈알제의 여름〉

알베르 카뮈 지음, 박해현 옮김, 51쪽, 휴머니스트, 2022.

도전, 잡을 수 없는 별을 잡는 일

: 미겔 데 세르반테스가 전하는 한 번쯤은 미쳐보기

나, 초상-풍경 Myself, Portrait-Landscape(1890)[4]
앙리 루소 Henri Rousseau(1844-1910, 프랑스)

4 루소는 41세에 작업실을 마련해 그림을 그리기 시작했다. 49세에 20년 넘게 일한 세관을 그만두고 본격적인 전업 화가의 길을 걸었다. 모두가 그를 정규교육을 받지 못한, 우스꽝스러운 그림을 그리는 사람이라고 비웃었지만 정작 루소는 자신이 위대한 화가라고 굳게 믿었다. 이 자화상에서도 에펠탑과 열기구보다 자신을 훨씬 크게 그렸다. 그는 대단한 자존감을 가진 화가였고 결국 위대한 화가로 역사에 남았다.

함부로 상상하지 말 것이며

타인의 사생활을 알려고도 말며

자신에게 별 상관없는 일은

모른 척 넘어감이 현명한 것.

남의 말 좋아하면 곤경에 처하는 법이니,

그대는 오직 명성을 얻기 위해

등잔불에 열심히 눈썹을 태우라.

《라만차의 비범한 이달고 돈키호테(El Ingenioso Hidalgo Don Quijote de La Mancha)》
미겔 데 세르반테스 지음, 전기순 옮김, 27쪽, 펭귄클래식코리아, 2016.

그들이 간직한 어떤 꿈은 현실이 되었고,

또 다른 몇몇 꿈들은 사라져 버렸네.

이제는 세월이 흐르고 있음을 지켜보고 있네.

그리고 그 힘에 놀라워하네.

스무 살, 〈배철수의 음악캠프〉에서 록 밴드 이글스(Eagles)의 〈새드카페(The Sad Cafe)〉가 흘러나올 때 내 꿈은 현실이 될 줄 알았다. 물론 그때는 나에게 40대가 올 거라고 가늠조차 하지 못했기에 그런 치기 어린 생각도 할 수 있었으리라. 마흔이 되면 뭐라도 되어 있을 줄 알았다. 그것이 무엇이든 나 스스로 흔들리지 않을 위치에 있으면 좋겠다는 바람을 막연히 했던 것 같다. 물론 희망사항은 희망사항일 뿐. 뭐라도 되어 있기는커녕 현실에서 내 한 몸 건사하기도 힘들어 허우적거리는 중이다.

그때부터였던가. 자기 합리화를 하고 싶었던 것인지 위로를 받고 싶었던 것인지 모르겠으나 내 나이에 저항하듯(찌질한 행동임이 틀림없지만) 뒤늦게 등단해서 대가의 반열에 오른 대기만성형 작가들을 작정하고 찾아보았다. 데뷔작 자체가 대작인 천재작가들이 주는 위화감 혹은 경외감보다는 천천히 농익은 작가들의 삶을 통해 '나도 할 수 있다'라는 힘을 얻고 싶었다.

'이 나이에 무슨 일을 새로 시작해?' '대체 베스트셀러를 쓸 수는 있나?' 싶다가도 '박완서 작가는 마흔에 《나목》으로 등단하지 않았던가, 화가 모지스는 78세에 그림을 시작했던데, 서머싯 몸도 45세에 《달과 6펜스》라는 역작을 썼잖아.' 툭툭 튀어나오는 인생 후반에 성공한 예술가들의 스토리는 주저하는 나를 일으켜 세워주는 지지대가 되어주었다.

꼭 위대한 작가만 귀감이 되는 것은 아니다. 도서관에서 글쓰기 강연을 할 때였다. 스무 명 남짓의 수강생 가운데 유독 짧은 흰 머리 위에 분홍색 꽃무늬 모자를 쓴 할머니가 눈에 띄었다. 그분의 연세는 85세, 최고령자였다. 한국전쟁으로 못다 한 배움을 이어나가고자 05학번으로 대학에 입학했고 배움의 끈을 놓지 않고 살다 보니 글쓰기에 이르게 됐다는 인생사는 모든 이에게 감동을 주었다.

그분을 통해 나는 고작 40년을 살아놓고 '나이'라는 프레임에 스스로를 가둔 것은 아닌지 자책했다. 어떻게 보면 뒤늦게 대성한 이들로부터 동기부여를 얻고자 했던 것도 결국엔 스스로 나이에

제한을 둔 이율배반적인 행동에 불과했다.

'내 나이가 어때서'라는 노래 가사는 절묘하다. 무언가를 시작하는데 나이가 한계의 기준이 될 순 없다. 물론 배움의 과정이 좀 더 오래 걸릴 수는 있다. 마음과 달리 신체가 따라 주지 않을 때도 있다. 오랫동안 신어온 신발이 어딘가 모르게 헐겁게 느껴지는 순간이 오듯, 어느새 내 몸이 헐거워진 듯한 기분이 들 때가 온다. 내가 느끼는 미묘한 몸과 마음의 변화는 헐렁함이 아닌 헐거움이다. 몸이 자꾸 헐거워진다. 열정도 비례해서 어떤 일 앞에 차츰 움츠러든다. 동그랗게 동그랗게 어깨가 말리고 자신감이나 패기 같은 단어들이 안으로 숨어들기 마련이건만, 스페인의 태양을 닮은 세르반테스에게 신체 나이와 주어진 환경 따위는 제약이 될 수 없었나 보다. 분명 쉽지 않은 나이이기는 했다.

작가는 57세에 '50세의 돈키호테'를 창조해냈다. 가난한 유년 시절을 보냈고 참전으로 부상을 입었으며 해적의 포로가 되어 노예생활까지 했다. 생계유지를 위해 시, 희곡, 소설 등 닥치는 대로 써서 팔았지만 큰돈을 벌지도 못했다. 그럼에도 불구하고 세르반테스는 포기하지 않았다. 1605년(1부)과 1615년(2부) 두 차례에 걸쳐 인생의 역작 《돈키호테》를 발표해 대성공을 거둔다. 그것도 유럽 전역에서 말이다. 당시 인기가 얼마나 대단했으면, 길에서 지나치게 웃는 사람을 본다면 둘 중 하나였다고 한다. 미쳤거나 《돈키호테》를 읽고 있거나. 와! 드디어 작가의 인생에 꽃이 피려나 했지만, 안타깝게도 생활고로 인해 저렴한 가격에 판권을 팔아버린 탓에 높은 판매고와 달리 그는 여전히 가난했다. 인생이 안 풀려도 이렇게까지 안 풀릴까 싶다.

작가의 생을 보면 혼돈의 악순환 속에서 돈키호테와 같은 엉뚱발랄한 서사를 썼다는 것에 경의를 표하게 된다. 대체 그 힘은 어디에서 나왔을까. 세르반테스에게는 '노력하는 인간 외에 꿈꾸는 인간이 살고 있었다.'[5]

돈키호테는 세르반테스의 아바타와도 같다. 반백의 나이에 자신이 기사라는 망상에 빠져 무사 수행에 나선 돈키호테. 작가는 세상 어느 미치광이도 하지 못했던 생각을 한 것도 모자라 실현에 나선, 역사상 유례없는 독특한 50대 캐릭터를 창조해냈다. 영예로운 기사로서 세상의 오욕을 부수고 영원한 영광을 얻겠다는 꿈. 오직 그 꿈을 이루기 위해 앞으로 돌진하는 돈키호테. 당연한 결과겠지만 대부분의 상황에서 돈키호테는 처참하게 깨지고 넘어진다. 허름한 여인숙을 멋진 성으로, 풍차를 거인으로 생각하는 터무니없고 황당무계한 이 남자의 모험은 이상과 현실의 괴리감을 여실히 보여주지만, 그 진정성과 용기만큼은 형언할 수 없는 먹먹한 감동을 자아낸다. 결국 돈키호테는 비극적인 죽음을 맞이했지만, 그의 삶은 두고두고 사람들에게 회자됐다.

5 카렐 차페크 지음, 송순섭 옮김, 《평범한 인생》, 51쪽, 열린책들, 2021.

세르반테스의 작품이 오늘날 고전이 된 것처럼.

《돈키호테》를 뮤지컬로 각색한 〈맨 오브 라만차〉에는 잊을 수 없는 가사가 흐른다.

'이룰 수 없는 꿈을 꾸고,
이길 수 없는 적과 싸우며,
이루어질 수 없는 사랑을 하고,
견딜 수 없는 고통을 견디며,
잡을 수 없는 저 하늘의 별을 잡자.'

작가는 자신의 로망을 돈키호테에게 투영했고 실현했다. 우리가 돈키호테를 사랑하는 이유도 세르반테스와 같다. 돈키호테는 돈이 없어도 당당하다. 사람들이 자신을 비웃어도 당당하다. 아무도 나를 알아봐주지 않아도 당당하다. '도전'이란 단어를 과감히 행동으로 실천할 수 있는 '용기'가 있었기 때문이다. 50세에 하고 싶은 일이 많아 미칠 것 같은 사람이 과연 몇이나 될까.

환영해도 거부해도 어떻게 해도 다가오는 나이는 매년 찾아오는 손님과도 같다. 어느새 시간도, 기회도, 사랑도 한정적일 수 있다는 생각에 매년 세우던 새해 계획마저 머뭇거리게 된다. 돈키호테의 계획은 365일 직진밖에 없었다. 그에게는 이루고자 하는 꿈이 있었고 그 꿈을 실현하는 것에 미쳐 있었다. 자신의 꿈에 완전히 빠진 사람은 그 누구도 말릴 수가 없다. 그 누군가가 신일지라도….

누가 뭐라든 내 도전이고 내 삶이다.

돈키호테는 묻는다. '내 꿈이 허무맹랑하다고 생각하는 당신은 한 번이라도 뜨거운 꿈을 꿔 본 적이 있느냐고….' 우리는 기꺼이 '꿈이 우리를 껴안으려고 할 때 우리는 꿈을 껴안을 줄 알아야 한다.'[6] '별들에게 올라갈 열망을 가다듬자.'[7] 그 꿈을 방향키 삼아 돈키호테와 로시난테처럼 달려가 보자.

---

6   알베르 카뮈 지음, 박해현 옮김, 《결혼》 단편 수록작 〈사막〉, 73쪽, 휴머니스트, 2022.
7   단테 알리기에리 지음, 박상진 옮김, 《신곡: 연옥편 33곡》, 300쪽, 민음사, 2007.

불가능한 것을 손에 넣으려면
불가능한 것을 시도해야 한다.

미겔 데 세르반테스

꿈, 삶에 대한 가치관

: 아고타 크리스토프가 전하는 나를 앞으로 나아가게 하는 힘

자화상Self-Portrait(1889)[8]
폴 고갱Paul Gauguin(1848-1903, 프랑스)

8   증권 중개인으로 11년을 일한 고갱은 당시 고액 연봉자였지만, 1882년 파리 증권시장 붕괴로 더는 일을 할
수 없게 된다. 동시에 돌연 전공과 무관한 전업 화가가 되겠다고 선언해 모두를 충격에 빠트린다. 이후 그는 모
든 것을 버리고 화가로서 자신의 삶을 살았다. 그 무모함이 오늘날 무수한 명화를 남긴 셈이다.

나는 이제 쉰 살밖에 안 됐어.

책 한 권쯤은 쓸 수 있을 거야.

몇 권 더 쓸 수도 있겠지만, 어쩌면 단 한 권이 될 거야.

나는 이제 깨달았네, 루카스.

모든 인간은 한 권의 책을 쓰기 위해 이 세상에 태어났다는 걸,

그 외에는 아무것도 없다는 걸,

아무것도 쓰지 않는 사람은 영원히 잊혀질 걸세.

그런 사람은 이 세상을 흔적도 없이 스쳐 지나갈 뿐이네.

《존재의 세 가지 거짓말(The Notebook, The Proof, The Third Lie: Three Novels)》
아고타 크리스토프 지음, 용경식 옮김, 362쪽, 까치, 2022.

"넌 꿈이 뭐니?"

어렸을 때 어른들을 만나면 늘 받았던 질문이다. (이제는 이 질문을 하는 어른이 됐지만) 거의 인사와 동일시되는, 어떻게 보면 큰 의미 없는 질문이었겠지만 내 답변은 자주 바뀌었다. 어느 날은 피아니스트가 됐다가 어느 날은 기자가 됐다가 또 어느 날은 변호사가 되기도 했다. 고심하며 고른 답변에 돌아오는 답은 한결같아서 외려 질문한 어른들이 참 시시해 보였다.

"그럼 공부 열심히 해야지. 그래야 꿈을 이룰 수 있지."

공부를 열심히 한다고 해서 꿈을 이룰 수 있을까. 꿈은 꼭 직업에 국한된 것일까. 둘 다 아니라고 생각한다. 단순히 공부를 잘한다고 원하는 꿈에 다다를 수 있는 것도 아니며 누군가에게는 직업이 아닌 다정한 가정, 자유로운 삶이 꿈이 될 수도 있다.

나는 운 좋게도 원하는 일을 직업으로 삼게 됐다. '운 좋게도'라는 수식어를 붙인 이유는 막상 어른이 되어 사람들을 만나 보니 덕업일치를 이룬 경우가 생각보다 드물었고, 정말이지 운이 좋았다고 느꼈다. 원하는 일을 찾지 못해 방황하는 어른이 있었고, 주변의 만류를 뒤로하고 뒤늦게라도 원하는 일을 하고자 하는 어른이 있었다. 물론 삶은 그저 흘러가는 것이니, 주어진 흐름에 몸을 맡긴 어른도 존재했다. 꼭 꿈을 찾으려 애쓰기보다 흘러가는 대로 흘러가다 보면 꿈이 생기기도 한다. 어른에게 꿈의 결은 이토록 다양하다.

꿈이란 반드시 이루어야만 하는 것이라고 여긴 적이 있었다. 꿈을 이루지 못하면 실패한 인생이라고, 꿈이 없는 사람은 시시하다고도 치부했다. 그러다 어느 순간 나는 어른이 되었고, 꿈의 성취 여부만으로 삶을 설명하기에 우리네 인생사는 아주 복잡다단하다는 것을 깨달았다. 또한 꿈을 이루었다 해서 삶이 미치게 재미있는 것도 아니었다. (물론 원하는 일을 직업으로 삼으면, 힘든 순간을 버티는 힘이 좀 더 강할 수는 있다.) 우리 인생에 꿈은 과연 어떤 의미일까.

《존재의 세 가지 거짓말》 속 남자는 언젠가 책을 쓰겠다고 공언하고 다녔지만, 자신을 전폭적으로 지원해준 누나의 헌신에도 (그 지원의 배경에는 동생을 빌미로 누나 자신의 위신을 세우기 위함이 있었다.) 작품을 완성하지 못했다. 오히려 그는 꿈을 좇다 폐

인이 된다.

책을 읽으며 출판이라는 남자의 '꿈'보다 "나는 이제 쉰 살밖에 안 됐어"라는 말에 밑줄을 그었다. 그는 '벌써 쉰 살'이 아닌 '이 제 쉰 살'이라고 말했다. 나이는 상대적이다. 무언가를 시작하기에 늦은 나이란 없음을, 게다가 쉰 살 정도면 충분히 시도해볼 만한 나이라고 생각하는 모습은 꿈의 발견만큼이나 근사했다.

어른에게 꿈이란 무엇일까. 이미 꿈을 이룬 사람이 있고 꿈을 이루지 못한 사람이 있다. 사는 게 바빠서 꿈의 성취 여부와 상관없이 인생이 버겁기도 하다. 내 꿈만 챙길 수 없기 때문이다. 적어도 30대까지는 내 꿈만 바라보며 달려오면 됐다. 40대가 됐더니 1인분의 몫에서 배우자, 자녀, 부모까지 다인분의 삶으로 규모 자체가 바뀌어 버렸다. 자녀가 있다면 내 꿈보다 아이의 꿈에 특히 더 신경을 쓰게 된다. 만약 아이에게 아직 꿈이 없다면 고민 추가. '우리 아이는 왜 하고 싶은 게 없을까.' '아이의 꿈을 어떻게 찾아주지?' '그럼 내 인생은? 내 꿈은 어디에 있지?' 질문을 거듭하다 '대체 나에게 꿈이 있긴 했었나? 나라는 사람은 누구인가?' 존재의 근원에 의문을 품다 이뤄놓은 게 하나도 없음을 깨닫고는 급우울해진다.

막연히 좇던 꿈이 나를 후행하게 만드는 역설이랄까. 우리 사회는 유독 꿈, 더 정확히 말하면 직업에 집착하는 것 같다. 그러다 보면 오히려 그 꿈이 나를 불행하게 만들 수 있다. 꿈의 반경을 달리해보는 것은 어떨까. 반드시 이뤄야 할 무언가가 아니라 '나를 앞으로 나아가게 하는 힘' 정도로 말이다. 꿈을 직업에 국한하면 그 범위는 작아진다. 하지만 내가 원하는 삶을 살아가도록 도와주는 이정표로 생각하면 훨씬 더 넓고 크게 꿈을 적용해볼 수 있다. 객관적으로 드러나는 직업이 아닌 삶의 가치관, 삶에 대한 태도로서 꿈을 그려보는 것이다.

꿈이란 이루어야 할 대상도 맞지만 살아가는 과정 그 자체이기도 하다. 전쟁 같던 그날도, 평화롭던 그날도, 어떤 날이든 우리는 살아왔다. 살아온 행적과 앞으로의 방향성 자체가 꿈이 될 수도 있다. 저녁이 있는 삶, 단란한 가족, 몸과 마음 건강에 초점을 맞춘 라이프 스타일….

이미 당신은 꿈을 이룬 사람일지도 모른다.
꿈이란, 그런 것이다.
세월이 흘러도 여전히 남아 있는 것,
시간이 지나도 사라지지 않는 것.
생각하면 기분이 좋아지는 것.
떠올리면 행복해지는 것.

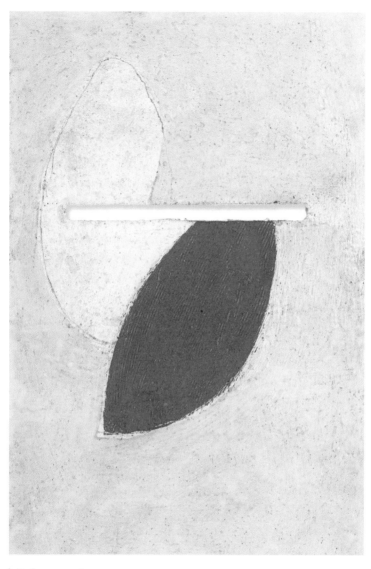

무제Ohne Titel[9]
쿠르트 슈비터스Kurt Schwitters(1887-1948, 독일)

9 하양과 빨강, 그 중간의 선은 마치 꿈과 현실의 경계를 의미하는 것만 같다. 마음 언저리의 붉은 열정은 언
젠가 꽃 피우리라, 직감하며…

행복, 잃어버린 취향을 찾는 일

: 헨리 데이비드 소로가 전하는 궁극의 행복

파랑, 빨강의 구성 Composition with Blue and Red(1932)
피에트 몬드리안 Piet Mondrian(1872-1944, 네덜란드)[10]

10   몬드리안은 점, 선, 면으로 우주의 근원을 표현했다. 어쩌면 우리가 그토록 추구하는 행복이란 것 역시 아
주 단순한 것에서 시작되는 것은 아닐는지.

어떤 날씨에서든, 낮이나 밤이나 어떤 시간이든

나는 시간을 잘 활용하려고 애썼고

그 결과를 막대기에 새겨놓으려 했다.

두 영원, 즉 과거와 미래가 만나는

현재라는 지점을 굳건히 딛고 서서,

충실히 원칙을 따르려 했다.

《월든·시민 불복종(Walden·Civil Disobedience)》
헨리 데이비드 소로 지음, 이종인 옮김, 29쪽, 현대지성, 2022.

내 인생에서 가장 행복했던 순간은 언제일까. 영화 〈원더풀 라이프(Wonderful Life)〉(2001년)는 천국으로 가기 전 림보라는 중간역에 7일간 머문다는 설정으로 시작된다. 죽은 자에게는 이역에서 인생에서 가장 소중한 기억, 단 하나를 골라야 하는 미션이 주어진다. 길다면 길고 짧다면 짧은 삶에서 딱 한순간을 꼽기란 쉽지 않지만, 극중 인물들이 선택하는 행복의 순간은 의외로 특별한 하루가 아닌 아주 작고 일상적인 것들이었다. 아마 누구라도 이 영화를 본다면 내 인생에서 언제가 가장 행복했나를 떠올려 보게 될 것이다.

글쓰기 수업 때 자주 다루는 주제 중 하나가 '내 인생에서 가장 행복했던 순간'이다. 기억은 그 사람의 삶이라고 해도 과언이 아니기에 각양각색의 스펙트럼만큼이나 행복에 대한 기억도 다르다. 보통 행복의 순간이라고 하면 삶의 전환점이 되는 큰 사건을 떠올리지만 의외로 좋은 글감은 일상성에서 나온다. 출산, 결혼 등 어떻게 보면 하나의 큰 이벤트라고 할 수 있는 사건은 글로 녹

여내면 생각보다 큰 감동이 없다. 대부분 과정이 비슷하기에 프랜차이즈 식당에서 먹는 설렁탕과 같은 맛이랄까. 물론 인생에서 아주 중요한 순간임이 틀림없지만 이를 '행복한 순간'으로 치환하면 진짜 그럴까? 약간 갸우뚱하게 된다.

오히려 신혼여행 때 유럽의 아주 작은 시골 마을에서 먹은 새콤달콤한 레몬 셔벗의 맛, 억수같이 장맛비가 내리던 날 잠자리채를 들고 나가 휘휘 휘젓고 다니던 열한 살의 여름방학처럼 아주작은 것에서 길어 올린 소소한 행복이 더 잔잔한 감동을 자아낸다. 이런 글들을 보면 눈부신 문명을 이룬 호모 사피엔스가 원하는 것은 생각보다 크고 거창한 것이 아니구나 싶다. 어쩌면 여기에 행복의 힌트가 있을지도 모르겠다. 뻔한 말 같지만, 행복은 내 삶, 바로 내 곁에 있다는, 누구나 잘 알고 있는 바로 그 진리 말이다.

산업혁명으로 도시 문명이 전개되던 어느 해, 도시에 사는 한 청년이 있었다. 서른이 채 되지 않은 젊은 소로, 그는 모든 것을 홀홀 벗어던지고 홀연 단신 행복을 찾아 숲으로 갔다. 흔히 속세를 벗어나 자연으로 돌아간다고 하면 50대 이상을 떠올리지만 작가는 요즘으로 따지면 MZ 시절에 자유를 선언하고 도시를 떠나 돌연 숲으로 간 힙스터였다.

도시에서의 호화스러운 생활이 아닌 자연과 가까이하며 홀로 지내는 삶. 최소한의 단출한 살림을 영위하는 것. 소로는 숲에서의 자급자족을 통해 단순한 삶이 곧 행복이라는 진리를 체화했다.

돈을 좇지 말고 돈이 나를 따르게 하라는 말이 있다(말은 쉽지 어렵다). 행복도 그렇다. 그동안 우리는 쉼 없이 행복을 좇았다. 백방으로 찾아 헤맸지만 찾을 수 없었다. 그러다 어느 순간 반대로 행복을 놓아버리면 어떨까? 역발상이 관심을 받기 시작했다. 불행을 택했다는 의미는 아니다. 오히려 그토록 갖고 싶어 했던 행복을 제거하니 비로소 행복이 보이는 역설을 체험한 것이다. 버리는 것이 있으면 반드시 얻는 것이 있다. 아마 행복을 버려보면 알게 되지 않을까. 무엇을 얻게 될지.

요즘 서점가에 부는 쇼펜하우어 열풍이 이를 증명한다. 쇼펜하우어는 애초에 있지도 않은 행복일랑 추구하지 말고 차라리 고통을 줄이는 편이 속 편하게 살 수 있는 방법이라고 했다. 즉 행복은 더하기가 아닌 빼기에 있다. 없는 것을 찾아 채우기보다 내 안에 있는 욕망을 빼는 편이 좀 더 합리적으로 느껴지기도 한다. 소로 역시 삶의 군더더기를 제거함으로써 행복에 이르렀다. 요즘 말하는 미니멀리즘의 시초인 셈이다.

쇼펜하우어의 행복은(그는 직접적으로 '행복'이라 명명하지 않았지만) 단순한 외적 성취나 쾌락에 의존하기보다 사색을 통한 내면의 내실화를 의미한다. 내면의 조화를 통한 심리적 풍요가 곧 행복인 셈이다. 소로도 비슷했다. 그는 1916년 7월 3일 아사벳강에 비친 낙조를 바라보며 글을 쓰고 책을 읽었다. 그리고 더없이 행복했다.

이 생활을 통해 자신이 자연이 주는 아름다움, 텅 비어 있음이 주는 충만에서 행복을 느끼는 사람임을 알았다. 자연에서의 삶이 적성에 맞았던 것이다. 소로와 반대로 도시에서의 삶이 더 행복한 사람도 있을 것이다. 모두에게 작가와 같은 목가적인 삶이 곧 행복일 수는 없다. 무작정 따라 하기보다 '나'라는 사람의 취향, 좋아하는 것, 싫어하는 것, 못하는 것, 잘하는 것을 끊임없이 관찰해보자. 의외로 마흔이 넘어도 나의 취향을 잘 모르는 사람이 많다. 나에 대해 호기심을 갖고 탐색하고 발견하고 알아가 보는 것이다. 위대한 현자들의 삶을 그대로 따라가기보다 나는 어떤 장소, 어떤 때, 어떤 행위를 할 때 행복한 사람인지 알아가는 것이야말로 행복에 이르는 첫걸음이다.

요즘 우리 사회가 말하는 행복의 본질은 과연 무엇일까. 삶에 대한 확신, 흔들리지 않는 판단력, 트렌드를 따라가지 않는 뚝심을 영위하고 싶지만 과연 나는 그럴 수 있을까. 21세기의 현대인이 소로를 부러워하는 이유는 바로 이 지점에 있다. 자연에서 간소하게 살았기 때문이 아니라 유혹 가득한 세상에서 흔들리지 않고 자신의 길을 갔기 때문에.

소로의 행복 여정은 숲에서 그치지 않았다. 그는 2년 넘게 자급자족하되 노동의 노예가 되지 않았고 자연의 섭리에 순응함과 동시에 자유를 추구하며 살았다. 이후에는 흑인 노예 해방 운동에 헌신했으며, 인도 독립운동과 흑인 노예 해방 운동 사상에도 영향을 미쳤다. 작가는 책의 마지막 페이지에 다음과 같이 썼다.

'우리가 깨어나는 날이야말로 비로소 새벽이 동트는 날이다. 앞으로 동터야 할 많은 날이 있다. 태양은 아침에 떠오르는 별일 뿐이다.'[11]

별은 밤에도 낮에도 반짝인다. 우리에게는 매일 반짝일 수 있는 가능성이 있다. 인간으로 태어난 모두에게는 행복할 의무가 있다. 행복하지 않다는 것은 인간으로 태어난 것에 대한 직무유기다. 내가 원하는 삶의 기쁨을 찾아 나서자. 꼭 소로처럼 빼기의 삶만이 행복은 아니다. 비움이 아닌 채움을 통해 충만한 행복을 느끼는 사람도 있을 것이다. 중요한 것은 내가 무엇을 할 때 행복한 사람인지 아느냐다. 내면에도 외면에도 도처에 행복은 도사리고 있으니, 행복에 대한 내 취향을 찾아보고 만끽해보자. 나답게 나이 들고 싶다면, 내 행복의 취향을 알아야 한다. 취향과 행복은 정비례하니까.

11   헨리 데이비드 소로 지음, 이종인 옮김, 《월든·시민 불복종》, 444쪽, 현대지성, 2022.

3장

확신과 불신 사이
성취

인생에서 바라는 게 뭔지 아는 사람들을
만날 때 생기는 그 부러움은
젖은 털실처럼 차갑고 곱실거린다.

| 헤르타 뮐러(Herta Müller), 소설가

욕망, 가치 상실의 시대 돈이라는 우상

: 생텍쥐페리가 전하는 돈과 삶의 의미

오렌지와 보랏빛의 하늘, 그레이스에서의 노을Sunset At Grace, Orange and Violet Sky(1918)[1]

펠릭스 발로통Félix Vallotton(1865-1925, 프랑스)

1   펠릭스 발로통은 3명의 자녀가 있는 부유한 가문의 미망인과 결혼했다. 주변의 부러움을 한 몸에 샀으나 사교 모임을 즐기는 아내와 성향이 맞지 않았고 아이들과도 불화를 겪으며 그림에 집중할 수 없는 삶을 살게 된다. 점차 그의 그림에서 가족의 모습은 사라졌고 자연 특히 일몰만이 화폭에 담겼다. 일출은 단 한 점도 그리지 않았다.

우리는 오직 물질적인 부를 위해 일함으로써 스스로 감옥을 짓는다.

우리는 타버린 재나 다름없는 돈으로 우리 자신을 고독하게 가둔다.

삶의 가치가 깃든 것이라고는 무엇 하나 살 수 없는 그 돈으로. (중략)

비행하던 그 밤, 그 밤 속에 빛나던 십만 개의 별들, 그 고요함,

몇 시간 동안 이어지던 그 절대적인 힘.

이런 것들을 돈으로는 살 수 없다.

어려운 구간을 지난 후 나타나는 새로운 세계의 모습,

그 나무, 꽃, 여인, 미소. 새벽녘에 우리에게 막 주어진 생명으로

상큼하게 채색된 이런 것들을, 우리에게 보상으로 주어진

이 사소한 것들의 콘서트를 돈으로는 살 수 없다.

《인간의 대지(Terre des Hommes)》
앙투안 드 생텍쥐페리 지음, 허희정 옮김, 41-42쪽, 펭귄클래식코리아, 2009.

경제적인 관점에서 봤을 때 잃어버린 5년이었다. 물론 정신적으로는 다양한 경험과 사색의 시간을 통해 풍요로 채워진 5년이기도 했다. 2017~2022년을 독일에서 살았다. 그사이 전 세계에 코로나가 휩쓸아쳤고, 한국에서는 부동산 광풍이 불었으며 나는 30대에서 40대가 되었다. 만약 내가 그때 한국에 있었다면 과연 어떤 선택을 했을지 모르겠다. 정부는 경기 침체를 우려해 엄청난 돈을 풀었고 그 돈은 부동산으로 몰렸다. 귀국 후 만난 지인들은 대개 비슷한 얘기들을 했다. 영끌, 임장, 갭투…. 몇 명은 코인으로 부자가 됐다고 했고, 부동산 투자로 몇 배 넘는 시세 차익을 봤다고도 했다. 대체 이게 무슨 말인가. 혼란스러운 나를 비웃기라도 하듯 고급 수입차들이 높은 빌딩 숲 사이를 쌩쌩 달렸다. 거리는 멋있고 세련된 사람들로 넘쳐났다. 10년이면 강산이 변한다는 말은 틀렸다. 5년 사이 한국은 완전히 달라져 있었다. 신도시 아파트, 고급차, 명품백, 동안 외모… 이 모든 것들은 '돈'이 있어야 가능한 것들이었고, 결국 세상의 가치는 '돈'이라는 우상으로 귀결된다.

나이가 들수록 돈에 더 민감해진다. 20대의 우리는 비슷하게 가졌다. 사촌이 땅을 사면 배가 아프다는 속담을 이해하지 못했다. 입사를 축하해줬고 퇴사를 같이 고민해줬으며 연애 상담도 자처했다. 친구라는 울타리 안에서 너와 나의 삶이 별로 다를 게 없었다. 상경해서 다들 비슷한 원룸에 살았고 조금 집안이 넉넉한 친구는 투룸이나 역세권 오피스텔에 사는 정도였다. 30대부터는 조금씩 다른 길을 가고 있음이 느껴졌는데 누구는 결혼을 했고 내 집을 마련했으며 아이를 낳았다. 40대의 우리는 '완전히'라고는 할 수 없지만 각자 다른 방식으로 살고 있다. 어느 한 명 경제적으로 극심한 어려움을 겪고 있지 않음에 감사하면서도, 자가인지 전세인지, 집이 한 채인지 두 채인지, 국산차인지 수입차인지를 두고 대놓고 말하지 않았지만 각자 머릿속으로 셈을 했다. 암암리에 질투했고 돌아서면 왜 나는 아직 이 모양인지 자괴감에 빠졌다. 40대의 우리는 전혀 비슷하지 않았다. 유일하게 같은 점이라면 돈 앞에서 태연해질 수 없다는 것.

모두가 부자를 꿈꾸는 시대다. 아이들의 꿈은 돈 많은 백수 아니면 의사. 많은 이가 돈이 주는 효능, 돈이면 다할 수 있는 만능감을 갈구한다. 사랑, 성공, 꿈. 이 모든 것들이 다 돈으로 환원된다. 직업, 목표, 가족의 행복까지 모든 것들의 기준이 돈이 되어버린 시대.

우리는 가치 상실의 시대를 살고 있다.

'열심히'라는 부사가 가끔 아니 자주 속절없이 느껴진다. 열심히 하면 꿈을 이룰 수 있다는 말은 아주 오래전 꿈같은 이야기다. 땀 흘려서 일한 사람이 진정한 어른이라고 강조했던 유은실 작가의 소설 《순례 주택》의 메시지는 과연 현실에서 적용 가능할까. 우리 사회에서 노동의 가치는 얼마나 인정받을 수 있을까. 땀 흘려 일한 사람들의 가치가 평가절하되는 현실을 보며 궁금했다. 부자가 된 다음에는 무엇이 있을까?

어린 왕자는 별을 모으는 지리학자에게 그 많은 별을 소유해서 뭘 할 거냐고 묻는다. 지리학자가 "나를 부자로 만들지"라고 답하자 어린 왕자는 "그럼 부자가 되면 뭐하냐"고 되묻는다. 지리학자는 "다른 별들이 발견되면 그걸 사는 데 쓸 것"이라고 답한다.

인간의 욕심은 끝이 없다. 별 하나를 모으면 두 개를 모으고 싶고 세 개를 모으고 싶고 행성 전체를 아예 사버리고 싶어지는 것이 욕망의 원리다. 43세의 생텍쥐페리는 말한다. "어른들은 창가에 제라늄 화분이 있고 지붕에는 비둘기가 놀고 있는 멋진 붉은 벽돌집을 보았다고 말하기보다 '십만 프랑짜리 집을 보았어요'라고 설명해야 멋진 집이라며 감탄한다고." 아마 한국의 어른이었다면 서울의 초역세권, 초품아(초등학교를 품은 아파트 단지), 초고층 아파트에 산다고 말하면 "와 좋은 곳에 사시네요"라는 말을 듣지 않을까.

한때 어린 왕자였던 우리는 언제부터인지도 모른 채 메마른 사막을 걷고 있다. 과거에 '우리는 사막의 마법을 먹고 살았지만, 오늘날은 거기서 석유 우물을 파고 그것을 팔아서 부자가'[2] 될 상상을 한다.

하늘을 경작하는 농부였던 생텍쥐페리는 분명 돈보다 우선해야 할 가치가 있다고 했다. 돈을 좇을 수는 있지만 돈만 좇다 보면 정녕 중요한 진실 앞에 우리는 눈 감을지도 모른다. 아니 돈이 우리의 눈을 멀게 할 것이다.

'인간은 장애물과 겨룰 때 비로소 자신을 발견할 수 있다.'[3] 인생에서 돈은 장애물이 될 수도 있고 디딤돌이 될 수도 있다. 물론 살아가는 데 있어 돈은 중요하다. 단 돈이 삶의 모든 것을 대체할 수는 없다. '돈'이라는 우상을 벗어놓고 나를 뜯어보자.

작가는 또 다른 책인 《야간비행》 서문에서 자신이 특히 좋아하는 것은 '고귀함'이라고 했다. 그 고귀함이란 강한 의지로 이르는 자기 초월을 의미한다. 우리는 어디서 고귀함을 찾을 수 있을까. 과연 돈이 자기 초월의 지렛대가 될 수 있을까. 아파트와 고급차, 명품백이 아닌 나를 대변할 수 있는 '고귀함'은 무엇일까. 마

2 생텍쥐페리 지음, 허희정 옮김, 《인간의 대지》, 126쪽, 펭귄클래식코리아, 2009.
3 생텍쥐페리 지음, 허희정 옮김, 《인간의 대지》, 9쪽, 펭귄클래식코리아, 2009.

혼 이후에 펼쳐질 삶의 가치관은 어디에 두어야 할까. 물론 이렇게 글을 쓰는 나 역시 결코 돈 앞에서 자유로울 수 없음을 안다. 그럼에도 부자가 되면 무엇을 할 것이냐는 어린 왕자의 질문에 우리는 한 번쯤 그 답을 생각해봐야 하지 않을까.

결국엔 모든 것이 죽지 않는가, 그것도 너무 일찍?
말해 보라, 당신의 계획이 무엇인지
당신의 하나뿐인 이 야생의 소중한 삶을 걸고
당신이 하려는 것이 무엇인지.

메리 올리버, 〈여름날(The Summer Day)〉 중에서[4]

4　메리 올리버 지음, 류시화 옮김, 류시화 페이스북 〈아침의 시〉 66, 2014.

사치, 원하는 것을 선택할 수 있는 자유

: 아니 에르노가 전하는 무형의 성취

선상 위의 오찬The Luncheon of the Boating Party(1881)[5]

피에르 오귀스트 르누아르Pierre-Auguste Renoir(1841-1919, 프랑스)

[5] 그림은 프랑스 부르주아들의 한가로운 파티를 통해 여유롭고 풍요로운 한때를 표현했지만 정작 이 그림을 그릴 당시 40대였던 르누아르는 경제적 어려움을 겪고 있었다. 청춘과 사치를 등에 업고 빛을 발산하는 그들을 화가는 어떤 심정으로 바라보며 그렸을까.

어렸을 때 내게 사치라는 것은 모피 코트나 긴 드레스,

혹은 바닷가에 있는 저택 따위를 의미했다.

조금 자라서는 지성적인 삶을 사는 게 사치라고 믿었다.

지금은 생각이 다르다.

한 남자, 혹은 한 여자에게 사랑의 열정을 느끼며 사는 것이

바로 사치가 아닐까.

《단순한 열정(Passion Simple)》
아니 에르노 지음, 최정수 옮김, 66-67쪽, 문학동네, 2015.

나에게 사치의 대명사는 단어 그대로 고급스러운 물건이었다. 스무 살 때 서울에 올라와서야 처음 스타벅스, 폴로와 같은 브랜드들을 접했다. 사회생활을 하면서 커리어가 아닌 샤넬, 구찌, 루이뷔통 같은 명품들이 나를 대변하는 또 다른 무엇이 될 수 있다는 것을 눈치로 배웠다. 물론 그 사치들을 누리기에 내 지갑 사정은 가벼웠지만, 쌈짓돈으로 크고 작은 사치품을 모으던 시절이 있었다.

옷과 가방을 사치하던 나는 결혼을 하면서 그릇에 관심을 뒀고, 그다음은 가구였다. 언젠가 큰 집에 살게 된다면 거실에 쿠에로 마리포사의 버터플라이 의자를 두고 싶었다. 이 의자를 알게 된 건 10여 년 전 K-뷰티를 주제로 한 다큐멘터리를 제작하면서였다. 서울에 사는 세련된 여자의 대명사였던 해당 다큐멘터리 출연자는 영문과를 나왔고 한강이 보이는 강남의 고급 아파트에 혼자 살고 있었다. 값비싼 자재로 마감한 거실 한가운데 놓여있는, 나비의 양 날개를 형상화한 의자에 우아하게 다리를 꼬고 앉아 취재에 응하던 여자. 나와 비슷한 또래로 추정되는 그녀에게서 뿜어져 나오는 여유와 고급스러움은 나에게 절대 오르지 못할 신기루와도 같았다. 그것은 보이지 않는 그녀와 나 사이의 태생적 계급에서 나오는 한계였다. 내가 이 물건을 통해 사치를 부린다고 해서 그녀가 어렸을 적부터 체득했을 고급 취향까지 향유할 수 있는 것은 아니었다.

조르주 페렉(Georges Perec)의 《사물들(Les Choses)》은 부유함을 갈망하는 1960년대 프랑스 빈곤 청년들의 모습을 통해 물질 중심의 자본주의를 비판한다. 그들은 벼룩시장과 중고거래를 통해 사치품을 모았지만 세상은 태생적 흙수저에게 경계를 그었다. '그들은 삶을 누리고 싶었다. 하지만 그들을 둘러싼 사방에서 삶을 누리는 것과 소유하는 것을 혼동했다. 그들은 시간의 여유를 갖고 싶고, 세상과 거리를 두고 싶어 했지만, 그들에게 무엇 하나 가져다주지 않는 세월은 마냥 흐르기만 했다.'[6]

그것은 아무리 발버둥 쳐도 올라갈 수 없는 흙수저의 한계였다. 20세기의 이야기지만 21세기에도 무관하지 않다. 과연 이 사치품들을 소유한다고 내가 럭셔리한 사람이 될 수 있을까. 소유욕 자체가 나를 속박한다는 것을 알았음에도, 사치를 향한 갈망은 끝나지 않았다.

6   조르주 페렉 지음, 김명숙 옮김, 《사물들》, 63쪽, 펭귄클래식코리아, 2015.

끊임없이 사치를 탐하며 10년의 세월이 흘렀다. 40대가 됐고, 결혼했고, 좀 더 넓은 집으로 이사를 갔고, 결국 그 의자를 갖게 됐다. 기분이 하늘을 솟구치며 날아가야 할 것 같지만 이상하리만치 설레지 않았다. 물건 앞에서 심장이 두근거리는 것도 호르몬이 활발하게 반응하는 20대에나 가능한 것일까. 잘 모르겠다. 왜 뛸 듯이 기쁘지 않았던 것인지. 물건이 주는 향락의 일시성을 불현듯 알게 된 것인지도. 어쨌든 물건의 효용으로 봤을 때 매일 앉는 의자는 확실히 가방보다 만족도가 높았다. '무언가 아름다운 것을 소유한 행복, 실현된 아름다움을 향한 욕망, 사물과 맺는 무척 감동적인 관계'[7]는 분명 존재했다. 하지만 거기까지였다.

의자를 구입하고 얼마 지나지 않아 공교롭게도 함께 일했던 PD로부터 연락이 왔다. 건강 기능 식품을 홍보하는 프로그램을 같이 해보지 않겠냐는 제안이었다. 100% PPL(Product PLacement, 간접 광고)이었다. 확실치 않은 기능을 입증하기 위해 고군분투하며 거품 가득한 멘트를 쓰고 싶지 않았다. 나는 버터플라이 의자에 앉아 골똘히 생각했다. 할 것인가. 말 것인가. 얼마 지나지 않아 PD에게 전화를 걸어 하지 않겠다고 했다.

젊은 시절엔 물불을 가리지 않고 닥치는 대로 일했다. '빠르게 승

7 아니 에르노 지음, 정혜윤 옮김, 《바깥 일기》, 94쪽, 열린책들, 2023.
프랑스 노동자 계급에서 태어나 상류층 영역에 진입한 그녀의 작품에는 빈부에 따른 물건과 그에 따른 감정들이 자주 거론된다. 여러 작품에서, 소비되는 물건들을 통해 '내가 어디에 속하는가?'를 질문한다.

낙하고 빠르게 작업하고 최대한 수정이 없도록 할 것.' 전업 작가로서의 내 원칙이었다. 뼈를 갈아 넣어야 할 때가 있었고, 고개숙여야 하는 일도 많았다. 그럼에도 먹고 살아야 하기에 가능하면 다 하겠다고 했다. 그렇게 20년을 버텼더니 어느 순간 일종의안전망 같은 것이 생겼다. 이 일을 하지 않으면 다른 일이 주어지지 않을까 봐, 혹은 이 PD가 나에게 등을 돌릴까 봐 노심초사하지 않았다. 조건과 돈을 떠나서 내가 원하는 일을 할 수 있는상황이 조성됐다. 그 순간 '이것이야말로 내가 누릴 수 있는 최고의 사치가 아닌가'라는 생각이 들었다. 물론 마음 한구석에는이 일을 언제까지 할 수 있을지 막연한 불안함이 도사리고 있다.그럼에도 현재 내가 추구하는 내적 가치를 지키며 일할 수 있다는 것은, 일생일대의 기분 좋은 사치임에 틀림 없었다. 나는 이사치를 오래도록 누리고 싶다.

사치란 값비싼 물건들, 화려한 옷이나 고가의 보석에 국한되는것은 아니었다. 사치품이 주는 기쁨은 일시적이었다. 얼마 지나지 않아 중고로 전락하는 물건에 대한 애착이 줄어들면서 중고거래 플랫폼에 사용하지 않는 것들을 팔기 시작했다. 그 비움의순간이 이상하리만치 좋았다. 마음이 말끔했고 개운했다. 유형이 아닌 무형에서도 사치를 찾을 수 있다. 돈이 아닌 내 가치관에 따라 일을 선택할 수 있는 여유. 40대의 나는 경제적 자유를이루지는 못했지만, 어느 정도는(차마 '완벽한'이라는 수식어를 붙이지는 못하겠다.) 선택의 자유를 누릴 수 있게 됐다.

물건이나 옷으로 나를 증명할 필요가 없었다. 진정한 사치는 럭셔리한 물건이 아닌 내가 원하는 일을 선택할 수 있는 능력과 여유에 있었다. 아니 에르노가 말한 최고의 사치가 '사랑'이었다면 40대의 나에게 최고의 사치는 하고 싶은 일을 할 수 있는 '선택의 자유'였다.

속물, 나는 누구이며 어디에 속하고 싶은가

: 편혜영이 전하는 40대라는 분기점의 방향등

풍파두르 후작부인Madame de Pompadour(1756)[8]
프랑수아 부셰François Boucher(1703-1770, 프랑스)

[8] 그림 속 주인공인 퐁파두르는 자수성가한 부르주아 집안 출신으로 유부녀인 상황에서 루이 15세의 눈에 띄어 후작부인이 된다. 책과 예술을 사랑했으며 뛰어난 미모와 맵시로 당시 스타일의 아이콘으로 급상승한다. 뒤로 보이는 시계는 엄청난 재력이 아니라면 소유하기 힘든 사치품이었다. 꽃장식이 있는 흔하지 않은 색깔의 드레스와 비단 구두, 금박장식이 돋보이는 책장, 깃털 펜, 은촛대까지 모두가 신중하게 선별된 물건들이다. 그럼에도 이 장소 속 그녀는 뭔가 불안해 보인다. 태생적으로 귀족 출신이 아니었기에 베르사유 궁전에서 살아남고자 끊임없이 노력해야 했던 그녀의 삶은 결코 행복했다고 평가받기 어렵다. 어쩌면 화려한 물건들 사이로 자신의 열등감을 감추려 했던 것인지도 모른다.

사십 대는 세상에 적응하거나

완벽하게 실패하는 분기점이 되는 시기였다.

그러므로 사십 대는 이전까지의 삶의 결과를 보여주는 시기였다.

또한 이후의 삶을 가늠할 수 있는 시기이기도 했다.

영영 속물로 살지, 잉여로 남을지.

《홀(The Hole)》
편혜영 지음, 77-78쪽, 문학과지성사, 2016.

그날, 모두의 관심사는 연금이었다. 각자 한 달에 연금을 얼마나 받느냐.

한때는 까마득하게만 느껴졌던 사람들이었다. 모 방송국 보도국장, 들으면 다 아는 예능 프로그램을 만든 미다스의 손과 같은 작가, 대행사 대표 등. 현재는 일선에서 물러났거나 곧 물러날 예정인 소위 말하는 '젊은 노인'에 속하는 선배들과 함께한 자리.

누가 먼저 주제를 꺼냈는지 모르겠지만 노후 자금에 관한 이야기가 나왔고 자연스럽게 한 달에 받는 연금이 언급됐다. 누구는 월 150만 원, 누구는 월 120만 원, 그러다 누군가가 내뱉은 "나는 300만 원." 이 한마디에 좌중의 시선이 쏠렸고, 부러움을 한 몸에 샀다. 300만 원은 배우자가 공직에 종사했기에 가능한 액수였고, 대화는 생각보다 더 괜찮지 않은 노년의 삶에 대한 푸념으로 이어졌다.

"방송국 사람들은 죄다 헛똑똑이야. 일할 때면 그 프로그램에만 올인하잖아. 뼈 빠지게 일해서 시청률 잘 나와 봐. 그땐 희열을 느끼지? 그뿐이야. 딱 하루. 결국 나한테 남는 건 뭐냐. 허구한 날 편집실에 앉아 있어서 생긴 허리 디스크밖에 없어. 세상 돌아가는 건 전혀 몰라. 그 열정으로 부동산에 투자했어 봐. 이렇게 팍팍하게 안 살지. 우리가 욕했던 속물들 봐. 두 다리 뻗고 잘만 살잖아."

연거푸 술을 들이켜며 하루라도 젊을 때 노후 준비를 하라고 당부하던 선배는 "그래도 난 아직은 괜찮아"를 외치며, 비틀비틀 지하철 개찰구로 걸어 들어갔다. 그 뒷모습을 한참 동안 바라보았다. 선배의 굽은 등이 서글펐다.

늙음은 생존의 문제만은 아닐 것이다. 존엄에 관한 것이다. 프로그램 하나에 모든 걸 걸었던 방송쟁이들에게 현재는 걸만한 무엇이 없다. 의미의 결여는 금전의 결여만큼이나 사람을 궁지로 내몬다. 속물을 욕하며 사회 정의를 타도했던 그들은 똑같은 속물이 되었거나 다른 이름의 잉여가 되었다.

《홀》을 쓴 편혜영 작가에게도 삶은 쉽지 않았던 것 같다. 등단은 했지만 청탁이 들어오지 않아 작가는 학습지 만드는 외국계 회사에서 일했다. 간헐적으로 1년에 한두 번 원고 제안이 들어왔고 눈 깜짝할 사이 40대가 됐으며 더 이상 소설을 못 쓸 것 같은 낙담 상태가 찾아온다. 누구에게나 슬럼프가 있기 마련이다. 똑같이 주어지는 허들을 어떻게 뛰어넘느냐에 따라 이후의 인생은 달라진다. 작가는 모든 악조건 속에서도 계속 소설을 쓰기로 한다. 어떻게든 써보려는 노력으로 허들을 넘어섰고 그렇게 나온 작품이 44세에 발표한 《홀》이다.[9]

책 속 주인공 오기는 자수성가를 위해 주야장천 노력하는 시간강사다. 세상은 열심히만 사는 사람에게 어이구 잘했다 엉덩이를 두드려주는 호락호락한 곳이 아니었다. 인맥과 학연으로 엉켜있는 학계에서 그는 비빌 언덕이 없었다. 시간강사와 교수 사이에서, 즉 잉여와 속물 사이에서 고민하다 결국 속물을 선택한다. 교수가 되기 위해 그토록 경멸했던 선배들의 길을 따라가기로. 동시에 아내에게 등을 돌릴 비밀도 만든다. 아내는 남편의 외도를 눈치챘고 '고발문'이란 글을 통해 오기가 어떻게 속물이 되어 가는지를 기록했다. 예기치 않은 사고 이후 이 글은 남자를 지옥으로 이끈다.

40대가 분기점이라는 작가의 글처럼 이 시기를 어떻게 보내느냐에 따라 이후의 삶은 달라질 것이다. 그래서 마흔이 두렵다. 지금 나의 행동이, 어떤 결정이 남은 인생의 바로미터가 될 것만 같아서. 만약 이전까지 삶의 결과가 명확하게 보였다면 이후

9 '[책&생각] 신춘문예 등단작은 첫 책에서 뺐습니다', 〈한겨레〉, 2024년 10월 12일자 기사 참고.

의 삶을 가늠할 수 있겠으나 이 또한 불투명했다. 과거도 미래
도, 그리고 오늘도.

나라고 선배들과 다를 바 없었다. 속물을 욕하면서도 한쪽 구석
엔 나도 그 속물 대열에 속하고 싶은 욕망이 있었다. 엄청난 부
자가 되고 싶진 않아도 잉여로 남고 싶지는 않았다. 그렇다고 속
물적인 인간이 되고 싶지도 않다. 나는 속물을 추종하고 있을까.
서서히 잉여가 되어가고 있을까. 이러지도 저러지도 못하며 어
정쩡한 상태로 시간이 흘러가고, 어느덧 사회가 지칭하는 기성
세대가 됐다.

알랭 드 보통은 '속물의 독특한 특징은 단순히 차별을 하는 것이
아니라, 사회적 지위와 인간의 가치를 똑같이 본다는 것'[10]이라
고 했다. 사회적 지위에 따라 사람을 판단하는 풍조는 우리를 더
욱더 지위나 명성에 집착하게 만든다. 아이러니하게도 우리 사
회는 지극히 속물적이지만 속물적인 사람은 지탄받는다. 속물
을 향한 시선은 냉소에 가깝다. 왜 속물인 사회가 속물을 욕할
까? 속물이 꼭 나쁜 것일까? 과연 속물 근성이 단 1%도 없는 사
람이 있을까?

달리 보면 속물은 자신을 보호하고 싶은 또 다른 방어기제

---

10   알랭 드 보통 지음, 정영목 옮김, 《불안》, 29쪽, 이레, 2005.

일지도 모른다. 내가 갖지 못한 것을 갈망하고, 내가 속하지 못한 곳에 들어가고 싶은 욕망에서 속물은 비롯된다. 속물은 '두려움에서, 존엄에 대한 욕망이 채워지지 않은 상태에서 나온 것이기 때문에 어쩌면 경멸하기보다는 슬퍼하고 이해하는 것이 옳을지도 모른다.'[11] 인정받고 싶은 욕망, 사회적 지위라는 상징성을 통해 자신의 가치를 확인하는 방책으로 치환했을 때 속물은 삶의 기폭제로 작용할 수도 있다. 알랭 드 보통의 말처럼 우리 모두에게는 존엄에 대한 욕망을 채우고 싶은 마음이 본능적으로 있으니까. 단 사회적 지위가 모든 것의 잣대가 되어 타인을 멸시하거나 부정하는 쪽으로 기울어서는 안 될 것이다.

속물은 질문한다. 대체 나는 누구이며, 어디에 속하고 싶은지를. 그 질문에 대한 답이 내려지지 않는 한 속물은 끊임없이 내 주변을 맴돌 것이다. 나는 속물이 될 것인가. 잉여가 될 것인가.

11 알랭 드 보통 지음, 정영목 옮김, 《불안》, 36쪽, 이레, 2005.

불안, 한 번도 쉰 적 없는 삶의 동력

: 페르난두 페소아가 전하는 불안의 찬미

| 슬픔에 잠긴 노인(영원의 문에서)At Eternity's Gate(1890)[12]
빈센트 반 고흐Vincent van Gogh(1853-1890, 네덜란드)

---

12 행동학자 데즈먼드 모리스는 자신이 곧 죽는다는 사실에 견디기 힘들었던 반 고흐가 손으로 두 눈을 가린
노인을 통해 곧 떠날 세상과 잠시나마 단절함으로써 위안을 얻으려 했다고 해석한다.

나는 달아나고 싶다. 내가 아는 것으로부터, 내 것으로부터,

내가 사랑하는 것으로부터 달아나고 싶다.

나는 홀연히 떠나고 싶다.

불가능한 인도나 모든 것이 기다리는 남쪽의 섬나라가 아니라,

어딘가 알려지지 않은 곳, 작은 마을이나 외딴 장소,

지금 여기와는 아주 다른 곳으로.

나는 낯선 이방인이 되어

내 피와 살 속에 뒤섞인 위선에서 벗어나 쉬고 싶다.

휴식이 아니라 생명으로서 잠이 나에게 다가오는 것을 느끼고 싶다.

그러나 안타깝게도 내 의지는 그렇지 못하다.

《불안의 서(The Book of Disquiet)》
페르난두 페소아 지음, 배수아 옮김, 300쪽, 봄날의책, 2014.

프리랜서라는 직업에 부제를 붙일 수 있다면 '불안'이라 쓰고 싶다. 프리랜서는 늘 불안을 안고 산다. 일이 있어도, 일이 없어도 불안하기는 매한가지다. 언제 어떻게 밥줄이 끊길지 모른다는 불확실성이 바로 불안의 씨앗이다. 요즘은 N잡러라 지칭하며 오히려 프리랜서로 활동하고 싶어 하는 이들이 많아졌지만 막상 직업으로 삼고 보면 프리(Free)라는 말은 허울 좋은 껍데기에 불과할 때가 많다. 속박되고 싶지 않아서 프리랜서를 선택했으나 정박하고 싶은 마음은 항상 존재했다. 언제 일이 사라질지 모르니 양쪽의 무게 차이가 있을지언정 두 추를 어깨에 나란히 올려놓고 있어야 마음이 편했다.

불확실의 시대에 사는 우리는 늘 불안하다. 마음에도 체급이 있다면 나이가 들수록 외려 연약에 가까워진다. 마치 '영혼이 코감기에 걸린 것 같다.'[13] 직업이 프리랜서가 아니더라도 회사든 공

---

13 페르난두 페소아 지음, 배수아 옮김, 《불안의 서》, 155쪽, 봄날의책, 2014.

직에서든 불안은 도사린다. 한 유명 배우가 잡지사와의 인터뷰에서 언급한 페르난두 페소아의 《불안의 서》가 단박에 베스트셀러에 오른 것만 봐도 그렇다. 언급된 인터뷰에 따르면 그는 '감정이란 무엇일까'라는 질문에 꽂혀 《불안의 서》를 읽게 됐는데, "모든 사람이 24시간 동안 잘 때만 빼고 느끼는 감정이 불안"이며 "불안은 아주 얇은 종이라 우리는 이 불안이 차곡차곡 쌓이지 않게 부지런히 오늘은 오늘의 불안, 내일은 내일의 불안을 치워야 한다"라고 답했다. 배우의 인지도가 어느 정도 작용했겠으나, 2014년 출간 이후 계속 조용했던 이 책의 갑작스러운 인기는 오늘을 사는 우리가 얼마나 불안에 휩싸여 있는지를 보여준다.

돌이켜보면 한 번도 불안하지 않은 적이 없었다. 어렸을 때는 엄마와 떨어져 있는 게 불안했다. 혹시나 자고 일어나면 엄마가 사라져버릴지도 모른다는 불길한 상상에 사로잡힐 때가 있었고, 엄마가 나보다 동생을 더 사랑하는 것 같아 불안하기도 했다. 처음 연애를 시작했을 때는 그 사람의 사랑이 식을까 봐 불안했고, 꿈을 이뤘을 때조차 언제 일을 잃을지 모른다는 생각에 불안했다. 그 당시 내가 느꼈던 불안은 '나'와 관계 맺기를 하는 어떤 대상, 특히 내가 애착을 갖는 그 무엇으로부터 파생됐다. 엄마도, 사랑도, 일도 나 스스로가 열렬히 좋아했기에 느낄 수밖에 없는 태생적 불안 같은 것.

마흔이 되어 느끼는 불안의 결에는 또 다른 무늬가 덧대어진다.

애착하는 것으로부터 분리됐을 때뿐만 아니라 충족된 것이 고갈될지도 모른다는 것에서 불안이 온다.

'나는 누구인가', '내가 원하는 삶을 살고 있는가'와 같은 근본적인 질문을 던질 때가 많아진다. 막연히 20대에는 중년이 되면 어느 정도 금전적 여유가 있고, 내 집이 있고 내 차가 있을 줄 알았다(전혀 이루지 못했다). 더 절망적인 것은 그 나이가 된 지금 그려보는 60대와 70대는 전혀 밝지 못하다. 빈곤 노인이나 독거 노인이 될까 봐 두렵다. 당장 생활비를 걱정하지 않아도 되는 현재의 여유가 10년 후에도 이어질까. 아니 현상 유지라도 될까. 그때는 양가 부모님이 생존해 계실까, 나는 건강할까(언제부터인가 건강검진 결과를 앞두고도 불안하다). 생계에 대한 걱정 없이 살고 있을까. 급기야 연금저축 상품을 검색하는 나를 발견한다.

건강, 일, 사랑⋯ 불안의 요소는 끝이 없다. 하나의 불안이 사라지면 또 다른 불안이 마치 두더지 게임처럼 튀어 올라온다. 망치로 팡팡— 두더지들을 때려보지만, 그것들은 얄밉게도 쏙 들어갔다 쏙 튀어나온다. 마치 나를 희롱하는 것 같아 기분마저 나빠진다. 삶은 끝없는 불안의 소멸과 생성이다. 게임기의 전원이 꺼지지 않는 한 두더지는 잡아도 잡아도 사라지지 않는다.

《불안의 서》는 소설도 논문도 아닌, 작가의 불안한 내면과 불안한 사유를 담은 독특한 장르의 책이다. 사후에 남겨진 글을 엮어 만든 모음집이기에 그가 왜 이런 글을 썼는지에 대한 뚜렷한 목적이나 해설도 알 수 없다. 다만 작가는 불확실한 세상에서 자신만의 본질을 찾고자 했고, '불안'이란 도구를 통해 삶을 성찰했음을 짐작할 뿐이다.

베르나르두 소아르스[14]는 도아도레스 거리에 있는 한 사무실의 회계보조원으로 일상을 살아간다. 그는 크고 작은 숫자를 다루며, 이따금 강가를 산책했고, 매일 책을 읽으며 아무것도 아닌 글을 쓴다. 사랑하는 것들을, 사랑하지 않는 것들을, 변하는 것을, 변하지 않는 것을, 자신을, 자신이 아닌 것을 써 내려간다. '쓴다는 것은 꿈을 만질 수 있는 형태로 바꾼다는 것이다. 쓴다는 것은 우리의 창조적 특성에 대한 가시적 보상(?)으로서 하나의 외부세계를 만들어낸다는 것이다.'[15]

소아르스는 불안을 품었고, 불안을 꺼내어 썼다. '삶이란 타인의 기준에 맞추어 양말을 뜨는 것이다. 하지만 그러는 중에도 생각은 자유'[16]이기에 자신이 되고 싶은 것을 썼다. '나는 아무것도 아니기 때문에, 모든 것이 되는 나 자신을 상상할 수 있다. 내가 실제로 뭔가 대단한 존재였다면 나는 그것을 상상할 수가 없

14 베르나르두 소아르스는 《불안의 서》에서 작가가 만들어낸 이명(異名)이다.

15 페르난두 페소아 지음, 배수아 옮김, 《불안의 서》, 372쪽, 봄날의책, 2014.

16 페르난두 페소아 지음, 배수아 옮김, 《불안의 서》, 43쪽, 봄날의책, 2014.

으리라.'[17]

소아르스라는 이름은 작가 페소아가 품은 '불안'의 다른 명칭이었다. 그러니까 불안은 끊임없는 정체성의 혼란이 가져다준 어떤 결정체다. 실제로 페소아는 120개의 이명으로 글을 썼다. 120여 명의 다른 이름이 창조한 다양한 인물들은 한 인간의 내면에 얼마나 많은 면면이 있는지를 보여준다. 정체성에 대한 불안이 또 다른 나를 계속해서 창조해낸 것이다. 그는 '출간한다는 것은 이 외부세계를 타인들에게 준다는 것'이라고 썼지만 단 한 권의 시집만을 출간한 채 불안한 40대를 보내다 47세의 나이로 요절했다. 그가 만들어낸 수많은 '나'는 사후 원고 3만 개가 든 트렁크가 발견되면서 《불안의 서》라는 이름을 달고 세상의 빛을 보게 된다.

오랫동안 갇혀있던 《불안의 서》는 인간이 느끼는 불안이란 너무나 당연하니 그 불안을 품어보라고 말한다. 작가는 불안을 돋보기로 세상을 관찰했고 자연을 사유했다. 그런 측면에서 보면 불안이 꼭 나쁜 것만은 아니다. 알랭 드 보통도 자신의 책 《불안(Status Anxiety)》에서 철학은 '불안'을 긍정적 요소로 인식한다고 설명한다. '생존에 가장 적합한 사람은 불안에 떠는 사람일 수도

17 페르난두 페소아 지음, 배수아 옮김, 《불안의 서》, 310쪽, 봄날의책, 2014.

있다. 불안 덕분에 안전을 도모하기도 하고 능력을 개발'[18]하기 때문이다. 즉 각자가 불안을 어떻게 다루느냐에 따라 더 나은 삶의 동력으로 삼을 수도 있다.

불안을 피할 수 없다면 기꺼이 즐겨볼 일이다. '우리 모두에게 저녁은 다가올 것이다. 나는 나에게 주어진 산들바람을 마음껏 즐긴다. 그리고 산들바람을 즐길 수 있도록 나에게 주어진 영혼도 마음껏 즐긴다. 나는 애쓰지 않는다. 아무도 이것을 읽지 않거나 흥미를 느끼지 않는다 해도 그래도 나는 괜찮다.[19]

이 책을 읽으며 '그래도 나는 괜찮다'를 수십 번 되뇌고 또 되뇌었다. 그것은 마치 불안을 잠재시키는 진언 같았다.

'그래도 나는 괜찮다.'
'그래도 나는 괜찮다.'
'그래도 나는 괜찮다.'

결국 우리는 사랑하기 때문에 불안한 것이다. 아이를 사랑하기 때문에 다칠까 불안하고, 부모를 사랑하기 때문에 편찮으실까 불안하고, 꿈을 사랑하기 때문에 깨질까 불안하고, 종국에는 나

---

18 알랭 드 보통 지음, 정영목 옮김, 《불안》, 158-160쪽, 이레, 2005.
19 페르난두 페소아 지음, 배수아 옮김, 《불안의 서》, 26쪽, 봄날의책, 2014.

를 사랑하기 때문에 상처받을까 염려되는 마음이 내적 불안을 싹틔운다. 불안은 사랑의 다름이다. '우리는 우리 자신의 이상, 즉 자신을 사랑하는 것이다.'[20]

불안한 나를 지키려는 방패로 감행했던 일련의 일들이 마흔의 나를 만들었다. 불안은 끊임없이 삶을 움직이게 만든다. 불안은 명사가 아닌 동사다. 살아있는 한 시작도 끝도 없는 불안은 계속될 것이다. 나는 멈추고 일어서기를 반복할 것이다. 그래서 불안을 아니 불안을 느끼는 인간을 사랑할 수밖에 없다. 나는 그 사랑을 한 번도 쉰 적이 없다.

20   페르난두 페소아 지음, 배수아 옮김, 《불안의 서》, 212쪽, 봄날의책, 2014.

희망, 나를 지탱해줄 연료

: 헤르타 뮐러가 전하는 삶을 지켜줄 손수건

회화의 기술The Art of Painting(c. 1666)[21]

요하네스 페르메이르Johannes Vermeer(1632-1675, 네덜란드)

21 다른 예술가들에 비해 페르메이르의 삶은 베일에 싸여있지만, 화가로서 자의식이 굉장히 강했던 것으로 알려져 있다. 특히 이 작품은 작가가 생각하는 회화가 지닌 우월성의 최대치를 보여준다. 화가 자신으로 추정되는 그림 속 화가는 고급 천으로 지은 옷과 실크 양말을 신고 있다. 여인은 영광을 상징하는 월계관을 쓰고, 승리를 상징하는 트럼펫을 들고 있다. 당시 소수의 지식인만 소장할 수 있었던 지도도 돋보인다. 페르메이르는 일평생 가난에 시달렸지만 이 그림만은 죽을 때까지 팔지 않았다. 작품은 훗날 히틀러의 소장품 목록 가운데서 발견됐다.

내 귀향은 감사함이 끊이지 않는 절름거리는 행복이며,
사소한 일에도 뱅글뱅글 돌아가는 살아남음의 팽이다.

나의 거만한 열등감
나의 투덜거리는 두려운 소망들.
나의 지긋지긋한 조급함, 나는 무(無)에서 곧장 전체로 뛴다.
나의 방어적인 양보심,
나는 문제가 있을 때 내가 불평할 여지를 남겨두려고
일단 사람들의 의견에 무조건 따라준다.
나의 비틀거리다 기회를 놓치는 기회주의.
나의 예의 바른 인색함.
나의 그리움 섞인 부러움,
인생에서 바라는 게 뭔지 아는 사람들을 만날 때 생기는
그 부러움은 젖은 털실처럼 차갑고 곱실거린다.

《숨그네(Atemschaukel)》
헤르타 뮐러 지음, 박경희 옮김, 329쪽, 문학동네, 2010.

비좁은 자취방과 업라이트 피아노는 분명 어울리지 않았다. 누구보다 잘 알면서도 나는 그 피아노를 버릴 수 없었다. 음악에 대한 원대한 꿈이 있었던 것도 아니고 엄청나게 피아노를 잘 치는 것도 아니었다. 초등학교 3학년 때 처음 우리 집에 왔던 피아노. 나는 기분이 좋을 때도 슬플 때도 심심할 때도 뚱땅뚱땅 피아노를 쳤다. 유려한 음색은 아니었지만, 건반을 누를 때의 터치감, 클래식을 연주하고 있다는 희열은 나를 황홀경에 빠트렸다.

서울에 올라오면서 피아노를 본가에 두고 올 수도 있었지만 무슨 억지에서인지 곁에 두고 싶었다. 몇 번의 처분 위기가 있었지만, 끝끝내 나는 피아노를 지켰다. 그 피아노는 보잘것없는 내 서울살이의 유일한 우아함으로 대변되는 물건이었다. 돈을 모아서 조금씩 큰 집으로 갈 때마다 피아노가 있을 자리가 점점 커진다는 것에 내 마음은 부풀어 올랐다. 이 피아노에 얽힌 일화는 전작 《다독이는 밤》에서도 쓴 바 있다. 나에게 피아노가 그랬듯, 누구에게나 지키고 싶은 그 무엇이 하나쯤은 있을 것이다. '희망'으로 대변되는, '삶을 지탱해주는 어떤 힘' 같은 것 말이다.

'수용소는 마음속의 소망을 박탈했다.
누구든 결정할 필요도 결정할 의지도 없었다.[22]
자유 때문에 현기증이 날 것 같았다.
감정은 널을 뛰었고 추락과 비굴함에 길들어 있었으며,
뇌는 복종했다.'[23]

희망이라는 단어를 뱉기조차 어려운 이국의 수용소에서 레오를
견딜 수 있게 해준 것은 '손수건'이었다. '운명을 포기하면 지는
것이다.'[24] 레오는 무슨 일이 있어도, 배고픈 천사가 나타나 지독
한 굶주림에 쓰러져 갈 때도 이 손수건만은 지켰다.

수용소에서 비참하게 살아가는 레오는 아들을 잃은 한 노파로
부터 손수건을 받았다. 그는 석탄을 팔러 간 집에서 노파를 만났
다. 그녀는 말없이 석탄을 사주고 양철 그릇 가득 따뜻한 수프도
담아줬다. 레오를 통해 일찍 생을 마감한 자신의 아들을 떠올렸
기 때문이다. 그리고 오랫동안 간직해왔던 흰 손수건을 꺼내 처
음 본 레오에게 건넨다.

---

22   헤르타 뮐러 지음, 박경희 옮김, 《숨그네》, 290쪽, 문학동네, 2010.
23   헤르타 뮐러 지음, 박경희 옮김, 《숨그네》, 297쪽, 문학동네, 2010.
24   헤르타 뮐러 지음, 박경희 옮김, 《숨그네》, 89쪽, 문학동네, 2010.

레오가 수용소에서 나올 때까지 간직했던 손수건은 단순한 아마포 천이 아니었다. 그것은 억압으로 뒤덮인 시간을, 분노와 원망, 굴욕으로 뒤엉킨 삶의 비애를 닦아준 성스러운 희망이었다. 때로는 그저 내 주머니 속에 존재하는 것 자체만으로도 위안을 주었다. 비참한 수용소의 삶을 견딜 수 있게 해준 삶의 존엄과도 같았던 '손수건.'

헤르타 뮐러는 노벨문학상 수상 강연에서 독자들에게 질문했다. "여러분은 손수건이 있나요?"

그것은 당신의 삶을 지탱해주는 희망에 관한 다른 물음이었다. 작가에게 손수건은 아마 '글'이었으리라 짐작된다. 아버지는 제2차 세계대전 당시 친위대에 징집됐고, 어머니는 수용소에 끌려갔다. 헤르타 뮐러 역시 하 수상하던 시절 독재 정권의 공포 속에 억눌려 살아야 했다.

《숨그네》는 독일계 소수민족이 처한 비극적 삶을 다뤘다. 수용소에 갇힌 상황은 처참했지만 그녀의 문장은 숨 막히게 아름답다. 처연함 속에 경이가 있다. "비극은 시의 옷을 입어야 한다"는 작가의 말을 되짚어본다. 인간에 대한 애정과 인류를 향한 희망 없이는 절대 나오지 못할 문장이다. 깊은 절망 속에서도 끝끝내 희망을 잃지 않기에 나올 수 있는 빛나는 글….

버티고 또 버텨 끝내 일어서고 또 일어선 헤르타 밀러는 우리 모두에게 물었다.

"여러분은 손수건이 있나요?"

손수건은 이루 말할 수 없는 비참함을 견디게 해주는 방패와도 같은 것이었다. 나에게는 과연 그 방패가 있을까. 우리 모두에게는 손수건이 필요하다. 손수건으로 닦아야 할 것들이 많아지는 나이이니까. 구구절절 말할 수 없지만 그 눈물의 무게를 나도 당신도 알고 있으니까. 차마 밖으로 쏟아낼 수 없는 수많은 눈물을 닦아 줄 말 없는 손수건. 내 품위를 내 존엄을 내 안위를 지켜 줄 마지막 보루와도 같은 그 손수건은 매우 작다. 흔하다. 누구나 가질 수 있다. 그렇지만 그 순백의 네모난 천에 담긴 하얀 희망은 무한대다.

'여러분은 손수건이 있나요?'

나는 죽음의 공포에 삶의 욕구로 반응했습니다.

삶의 욕구는 낱말의 욕구였습니다.

오직 낱말의 소용돌이만이

내 상태를 표현할 수 있었습니다.

낱말의 소용돌이는 입으로 말할 수 없는 것을

글로 표현해냈습니다.

헤르타 뮐러, 〈2009년 노벨문학상 수상 연설문〉 중에서

4장

비혼과 기혼, 연애 사이

사랑

흐린 날엔 사람들은 헤어지지 말기로 하자.
손을 내밀고 그 손을 잡는 사람이 있으면
그 사람을 가까이 가까이 좀 더 가까이
끌어당겨주기로 하자.

| 김승옥(소설가)

지루함, 무용한 것들이 빚어내는
찬란한 아름다움

: 밀란 쿤데라가 전하는 무의미의 의미

휴일의 독서Holiday Reading(1916)
칼 라르손Carl Larsson(1853-1919, 스웨덴)[1]

1 칼 라르손의 유년 시절은 불행했다. 아버지는 처자식을 버렸고 일용직으로 생계를 이어나가야 했던 어머니와 힘겨운 10대를 보냈다. 불운한 유년 시절을 보낸 그에게 삶의 목표는 '행복한 가족'이었다. 어른이 되어 자신만의 가족을 일구었고, 독서, 낚시, 아침 식사 등 가족과 함께한 평범한 나날을 화폭에 담았다. 행복을 그리는 화가 칼 라르손. 그가 불행이란 긴 터널에서 길어 올린 궁극의 행복은 '일상의 기쁨'이었다.

하찮고 의미 없다는 것은 말입니다, 존재의 본질이에요.

언제 어디에서나 우리와 함께 있어요.

심지어 아무도 그걸 보려 하지 않는 곳에도,

그걸 무의미라는 이름 그대로 부르려면 대체로 용기가 필요하죠.

하지만 단지 그것을 인정하는 것만이 문제가 아니고,

사랑해야 해요, 사랑하는 법을 배워야 해요.

…… 여기, 이 공원에, 우리 앞에,

무의미는 절대적으로 명백하게, 절대적으로 무구하게,

절대적으로 아름답게 존재하고 있어요……

이유도 모른 채 까르르 웃는 아이들…… 들이마셔 봐요.

다르델로, 우리를 둘러싸고 있는 이 무의미를 들이마셔 봐요.

《무의미의 축제(La fete de l'insignifiance)》
밀란 쿤데라 지음, 방미경 옮김, 147쪽, 민음사, 2014.

"뭐 재미있는 일 없냐?" 틈만 나면 이 질문을 해대던 선배가 있었다. 예능은 재미를 추구한다. 역설적으로 재미를 창출하는 것이 스트레스가 되어 정작 제작자들의 삶은 재미 없는 경우도 부지기수다. 그 당시 선배는 40대였고 나는 20대였다. 가뜩이나 일이 스트레스인데 왜 애꿎은 후배들한테 맡겨 놓은 것도 아닌 재미를 찾는지….

선배와 같은 나이가 된 지금도 후배들을 닦달했던 그를 이해하기 어렵지만, 왜 그토록 재미를 원했는지는 알 것 같다.

주변에서 '사는 게 시시해'라는 말을 자주 듣는다. 감정이 무뎌졌다고도 하고, 뭘 해도 재미가 없다는 푸념도 늘어놓는다. 인생 연대기로 봤을 때 우리는 언제 가장 치열했던가. 뜨거웠던 청춘이 지나간 자리에는 왠지 모를 공허함이 남는다. 그 텅 빈 자리에 지루함이 떡 버티고 서서 툭툭— 메마른 땅을 더 굳건히 골라놓은 느낌마저 든다. 가만, 언제부터 인생이 재미없어진 거지?

국어사전에서 '지루함'은 특정 상황에서 흥미나 만족을 느끼지 못하고 의미가 부족한 상태를 말한다. 그런 의미에서 보면 지루함은 욕망과 관련이 깊다. 욕망은 무언가를 원하거나 추구하는 감정이다. 기본적인 생리 욕구보다 더 높은 차원의 욕구. '욕망'은 우리를 움직이게 하고, 목표를 설정하게 하며, 삶의 방향을 제시한다. 지루함과 욕망이라는 어울리지 않을 것 같은 두 감정이 만나 삶을 움직이는 동력이 된다.

활력이 넘치는 사람들에게는 공통점이 있다. 그들은 자신과 세상을 사랑한다. 애정을 갖고 주변을 관찰하다 보면 이 세상에 쓸모없는 것은 없다. 무쓸모에 쓸모라는 의미를 부여해주는 것이야말로 세상을 재미있게 사는 법이다. 맛집을 발견하거나, 화초를 키우거나, 명상을 하거나, 운동을 시작하거나 그 어떤 일에서도 우리는 의미를 찾을 수 있다. 새로운 일이 아니라 어떤 마음가짐을 갖느냐에 따라 세상은 다른 모습으로 나에게 말을 건다. 작고 하찮은 것들로부터 아름다움을 발견해낼 줄 아는 마음, 그 마음으로부터 인생의 축제는 시작된다.

《무의미의 축제》는 알랭, 칼리방, 샤를, 라몽 네 친구의 짤막한 이야기다. 서사가 있기보다 시시콜콜한 수다에 가까운 구조를 띠고 있지만 작가의 식견이 고스란히 담겨 있다. 일평생 인간의 본질을 탐구했던 그가 전하는 마지막 메시지는 크고 거창한 것이 아니었다. 작고 하찮은 것들을 아끼고 사랑하는 마음과 그것들로부터 길어 올린 지혜야말로 삶의 진정한 의미다. 화려하거나 거대한 것이 아닌 묵연히 자신의 자리를 지켜온 것들이 결국이 세상을 지켜왔다.

의미와 무의미 사이, 축제와 일상의 사이, 젊음과 늙음의 사이 어딘가에 서 있는 우리에게 작가는 농밀한 지혜를 전한다. 삶이라는 게 아등바등해도 딱히 거창한 게 아니라고. 봄날의 살랑바람, 5월의 청신한 연둣빛 이파리, 여름날의 쨍쨍한 태양, 흰 눈의 뽀도독 소리⋯. 그런 무의미들을 들이마서 보라고⋯ 그 안에서 삶의 의미를 찾을 수 있을지도 모른다고⋯.

어느 봄날이었을 거다. 핑크빛 꽃잎들이 은하수처럼 떨어졌다. 그 사이로 적당히 포근한 햇살과 나른한 바람이 내 볼을 희롱했다. 꽃이 곧 질 거라는 직감이 들었다. 눈물이 핑 돌았다. 제길, 꽃은 질 건데 왜 피어? 세상은 이렇게 무의미한데 왜 아름다운 거야? 아니, 세상은 무의미해서 아름다운 거야.

들숨에 무의미를 들이마시고, 날숨에 의미를 내뱉는다. 그 들숨과 날숨의 조화가 고루한 삶에 리듬을 부여한다. 무용한 것들을 사랑해보자. 그 무한한 무용함을 사랑하는 과정에서 유한한 삶의 유용한 지혜를 발견하게 될지도 모른다.

자존감, 지금까지의 나를 칭찬해

: 도리스 레싱이 전하는 나만의 19호실

창가의 여인Woman at a Window(1822)[2]

카스파르 다비드 프리드리히Caspar David Friedrich(1774-1840, 독일)

2　화가는 주로 자연 속의 인물을 그렸는데 대부분이 뒷모습이다. 자신의 아내 캐롤라인이 독일 엘베강 건너
편을 바라보고 있는 장면 역시 뒷모습으로 남겼다. 과연 여자는 저 멀리 강을 향해 무슨 생각을 했을까. 네모난
창 사이로 투영된 자유를 향한 목마름을 상상해 본다.

처음에 나는 어른이 된 뒤 12년 동안 일을 하면서

나만의 인생을 살았어.

그리고 결혼했지. 처음 임신한 순간부터 나는,

말하자면 나 자신을 다른 사람에게 넘겼어. 아이들에게.

그 후 12년 동안 나는 단 한순간도 혼자였던 적이 없어.

나만의 시간이 없었어.

그러니까 이제 다시 나 자신이 되는 법을 배워야 해.

그뿐이야.

《19호실로 가다(To Room Nineteen)》(도리스 레싱 단편선)
도리스 레싱 지음, 김승욱 옮김, 290쪽, 문예출판사, 2018.

매주 일요일 오전, 혼자 카페를 간다. 커피를 주문하고 아무것
도 하지 않은 채 그대로 앉아 있다. 정말이지 아무것도 하지 않
는다. 아무것도 하지 않는다. 아무것도 하지 않는다. 그리고 집
으로 돌아온다.

글쓰기 수업 때 만난 말간 얼굴에 씩씩한 말투의 그녀는 이 루틴
에 대해 자신을 사랑하는 시간이라고 소개했다. 인상적이었다.
한 번쯤 따라 해보고 싶었다. 일주일에 한 번 익명의 공간에서
철저하게 혼자 있을 수 있는 시간. 내가 나에게 줄 수 있는 유일
무이의 자유.

수전에게도 나만을 위한 공간이 필요했다. 정원이 딸린 저택, 눈
에 넣어도 안 아픈 아이들, 성실한 남편, 다정한 아내. 누가 보
아도 남부러울 것 없는 사랑스러운 가정. 이 모든 평화는 차가
운 지성으로 둘러싸인 껍데기에 불과했다. 중산층의 이 부부는
지성을 위해 감정을 억눌렀다. '지성은 싸움, 삐치기, 분노, 속으

로 침잠한 침묵, 비난, 눈물도 금지했다.'³ 물론 '아이들은 생활의
중심이자 존재의 이유가 될 수 없었다. 아이들이 부모에게 헤아
릴 수 없는 기쁨과 재미와 만족을 안겨줄 수는 있지만, 삶의 원
천이 될 수는 없는 법'⁴임을 알고 있었다. 그럼에도 삶은 아이들
중심으로 돌아갔고, 특히 양육은 오롯이 아내 수전의 몫이었다.
그녀는 어른이 된 후 12년 동안 일을 하며 자신의 인생을 살았지
만 임신한 이후 12년 동안은 단 한 번도 혼자였던 적이 없었다.

고육지책으로 다락에 엄마의 방, 즉 자신의 방을 만들었지만 이
마저 아이들에게 점령당하고… 이 집에는 내 한 몸 숨을 곳이 없
었다. 숨 쉴 공간이 필요했던 수전은 집에서 조금 떨어진 작고 허
름한 호텔을 찾아낸다. 안락하고 넓고 잘 꾸며진 자신의 집과는
완전 다른 곳이었다. '호텔 방은 평범한 익명의 장소였다. 더러
운 창문을 등진 더러운 의자에 앉아 눈을 감았다. 그녀는 혼자였
다. 그녀는 혼자였다. 그녀는 혼자였다.'⁵ 타인의 잠자리 흔적과
퀴퀴한 냄새가 풍기는 19호실에서 수전은 처음으로 평온과 '절
대적 고독'을 느낀다.

수전을 보며 '왜 네 자존감을 결혼이랑 바꾸냐'⁶고 했던 드라마

3   도리스 레싱 지음, 김승욱 옮김, 《19호실로 가다(도리스 레싱 단편선)》, 287쪽, 문예출판사, 2018.
4   도리스 레싱 지음, 김승욱 옮김, 《19호실로 가다(도리스 레싱 단편선)》, 280쪽, 문예출판사, 2018.
5   도리스 레싱 지음, 김승욱 옮김, 《19호실로 가다(도리스 레싱 단편선)》, 304쪽, 문예출판사, 2018.
6   드라마 〈이번 생은 처음이라〉 9화 중

대사가 떠올랐다. 결혼과 동시에 수전의 자존감은 곤두박질한다. 왕성한 사회생활을 하다가 아이의 엄마가 된 수전에게 필요한 것은 자유가 아닌 자존감이었다. 무슨 일이라도 하면 자존감을 채울 수 있을 것 같아 집안일을 해보지만 이마저 당신으로 인해 내가 일자리를 잃을 수 있다는 가사도우미의 일침으로 좌절된다.

누구에게나 자기만의 공간은 필요하다. 버지니아 울프는 여성이 글을 쓰려면 연 5백 파운드의 수입과 자기만의 방[7]이 필요하다고 주장했다. 수전에게는 19호실이 자존감을 채울 수 있는 장소였다. 순종적인 아내, 헌신적인 어머니, 사회가 요구하는 전형적인 여성의 역할을 충실히 따랐지만, 그 안에 자신은 없었다. 불행히도 19호실의 자유마저 일시적이었을 뿐, 남편에게 적나라하게 들키면서 책은 비극적으로 끝난다.

결말을 읽으며 왜 19호실이어야만 했을까 하는 아쉬움이 있었다. 나만의 공간이 중요하지만, 꼭 어딘가로 도망쳐야만 했을까. 수전의 행동이 자존감을 찾는 행위라기보다 회피로 느껴졌기 때문이다. 자유를 특정 공간이 아닌 내 안에서 찾았다면 어땠을까. 그녀는 자신이 무엇을 위해 사는지 몰랐다. 니체는 말했다. 왜 살아야 하는지 아는 사람은 어떤 어려움도 견딜 수 있다고. 그

7　버지니아 울프 지음, 정미현 옮김, 《WHY》 중에서 〈여성의 직업〉, 32쪽, 이소노미아, 2018.

힘을 우리는 자존감이라고 부른다. 수전의 불행은 자존감 부재에서 비롯됐다. 그렇다면 자존감은 어떻게 만들 수 있을까. 나는 나를 얼마나 소중하게 여길까. 해묵은 숙제와도 같은 질문이다. 자존감이라는 단어가 그 어느 때보다 자주 회자되는 시대에 살고 있지만 명확한 답은 없다. 자존감은 스스로 만들어 가는 것도 있지만 성과 역시 큰 영향을 미친다. 돌이켜보면 내 책에 대한 좋은 평가, 높은 시청률과 같은 외부적인 요인에 의해 나라는 사람의 자존감이 올라가기도 하고 악플이나 비난으로 자존감이 내려가기도 했다. 수전에게는 성취감을 느낄만한 그 어떤 일도 없었다. 일상에서 이룰 수 있는 크고 작은 성공의 경험 부재가 자존감의 부재를 낳는다.

마음속 19호실을 만드는 일은 결국 나를 사랑하는 일이다. 자녀를 양육해야 하고 노년의 부모를 챙겨야 하고, 가정을 일궈야 하고, 커리어도 쌓아야 하는 40대에게 '나'는 없다. 좋은 부모가 못 된 것 같아 아이에게 미안하고, 자랑할만한 자식이 못 된 것 같아 부모님에게 죄송하다. 바쁜 가운데 뒤처질까 불안하고 궁색한 노후가 걱정돼 끊임없이 자기계발에 열을 올린다. 그런데도 자존감이 바닥을 친다. '나 잘하고 있는 걸까?'

약간은 다르게 생각해보는 것은 어떨까. 우리는 나 자신에게 지나치게 높은 잣대를 들이댄다. 나까지 나를 채찍질한다면 누가 나를 안아줄 수 있을까. 달리 보면 나는 원만한 가정을 이뤘으며 양가 부모님 건강하시고 꼬박꼬박 월급 주는 회사에 다니고 있다. 게다가 정신적 고양을 위해 끊임없이 공부도 한다. 사회가 정해준 역할에 나를 맞추려 하기보다 나만의 방식으로 역할을 잘 해내고 있는 자신을 다독여주자. 끊임없이 자신을 평가하지 말고, 스스로를 비난하지 않으며, 지금의 나를 인정하는 것이다.

우리는 이미 남을 위해 충분히 마음을 썼다. 이제는 나를 위해 마음을 써보자. 자존감을 만드는 일은 새로운 일을 시도하는 것이 아니다. 지금까지 내가 걸어온 삶을 칭찬하는 것에서 자존감은 생성된다. 오롯이 내가 일구어 놓은 삶, 그 중심에 있는 나를 인정해주는 것이다. 충분히 잘해왔으며 앞으로도 잘할 것이다. 그 믿음이 삶을 밝혀주는 달빛이 되어줄 것이다. 달은 이미 완벽한 보름달이다. 단지 보는 눈에 따라 초승달, 반달… 모양이 바뀔 뿐. 당신은 본래 충만한 사람이다.

외로움, 당신은 이미 완벽한 행성이다

: 다자이 오사무가 전하는 외로움 주머니

보트와 지는 해Boats and Setting Sun(1900-1936)[8]
오하라 코손Ohara Koson(1877-1945, 일본)

8 결국 삶이란 나홀로 배를 항해하는 것이지만, 함께 나아가는 배들이 있어 망망대해가 마냥 외롭지만은 않다.

제가 가진 행복이라는 개념과

이 세상 사람들의 행복이라는 개념이 전혀 다를지도 모른다는 불안.

저는 그 불안 때문에 밤이면 밤마다 전전하고 신음하고,

거의 발광할 뻔한 적도 있었습니다.

저는 과연 행복한 걸까요? (중략)

저 혼자 별난 놈인 것 같은 불안과 공포가 엄습할 뿐이었습니다.

저는 인간을 극도로 두려워하면서도

아무래도 인간을 단념할 수가 없었던 것 같습니다.

《인간 실격(人間失格)》
다자이 오사무 지음, 김춘미 옮김, 16-17쪽, 민음사, 2004.

"인생은 홀로 가는 돛대야. 기대고 싶으면 벽에나 기대."

내 드라마 속 명대사는 〈굿바이, 솔로〉(노희경 극본) 속 호철(이재룡 분)의 말이다. 마음이 먹먹해지는 것도 감성을 자극하는 것도 아니다. 지극히 현실적이어서 더 뇌리에 꽂힌 이 말. 모든 인간은 세상이란 거친 바다를 홀로 항해한다. 그것이 인생이다.

누구나 외롭다. 외롭지 않은 사람은 없다. 그래서 우리는 누군가를 만나고 싶고 또 기대고 싶고 사랑하고 싶다. 한동안은 외로움이란 내 곁에 아무도 없어서 느끼는 감정이라고 착각했다. 외로워서 사랑 타령을 했고, 새로운 사람을 찾았다. 외로워서 만난 사랑은 오래가지 못했고, 또다시 찾아온 외로움을 부둥켜안고서 〈나의 외로움이 널 부를 때〉(장필순 노래)를 불렀다.

결혼 후에야 알게 됐다(왜 늘 깨달음은 행동 뒤에 오는지). 100% 나와 마음이 맞는 사람을 만날 확률은 0%라는 것을. 이 말은 결혼이 외로움의 처방전이 될 수 없다는 뜻이기도 하다. 결혼이란 한 배를 타는 게 아니라 각각의 배를 몰고 같은 방향을 향해 나아가는 것이니까. 내 곁에 분명 누군가가 있어도 외로움은 또 찾아온다. 우리 모두에게는 각자가 지녀야 할 외로움의 주머니가 있다. 그 주머니는 절대로 사라지지 않는다. 영원히 내 곁에 붙어서 때때로 터질락 말락 위태롭게 심장을 공격한다. 영화 〈택시 드라이버〉의 주인공 트래비스 비클도 읊조리지 않았는가.

"외로움은 평생 어디서나 나를 따라다녔지.
술집이나 차, 보도, 상점 할 것 없이 어디서나. 피할 곳은 없어."

외로움의 시대다. 세상은 단 한 번도 외롭지 않았던 적이 없었다. 지구도 광대한 우주의 외로운 행성이다.

다자이 오사무가 살았던 시대는 전쟁으로 흉흉함과 동시에 외로움이 극에 치달았던 때였다. 작가는 고리대금업으로 벼락부자가 된 자신의 집안을 부끄러워했다. 깊은 자기혐오에 빠져 외롭고 고독한 동굴 속으로 들어갔다. 어디에도 속하지 못한 채 부유하며 살아가는 《인간 실격》 속 요조는 작가 자신뿐만 아니라 그 시대의 자화상과도 같았다. 그는 외로운 사람들과 부대끼며 사랑으로 극복하고 싶지 않았다. 아예 외로움으로 걸어 들어가 같이 생을 마감할 작정이었다. '살아 있다는 것. 아아, 이 얼마나 버겁고 아슬아슬 숨이 넘어가는 대사업인가!'[9]라며 삶을 버거워했다. 여러 번 자살을 시도했지만 실패했고 스스로 인간 실격 판정을 내리기에 이른다. 결국 작가는 39세라는 이른 나이에 요절했다.

그는 스스로 삶을 끊으면서 외로움과 작별을 고했다. 그리고 모든 외로운 사람들의 아이콘이 됐다. 이 글을 쓰며 만약 작가가 40대를 살았더라면 어떤 모습이었을까 상상해보지만 도무지 그림이 그려지지 않는다.

끝까지 외로워 본 사람은 그 끝에 무엇이 있는지 안다. 나를 기다리는 '내'가 있다. 외로움은 나의 민낯이다. 두꺼운 화장을 벗어던지고 오롯이 말간 얼굴로 만날 수 있는 내 외로움을 우리는 단 한 번이라도 다정하게 돌봐줬을까.

마흔은 아래로 위로 챙겨야 할 마음들이 많다. 그 돌봄의 대상에서 '나'는 빠져 있다. 그런 나에게 마음은 자꾸 신호를 보낸다.

'나도 좀 봐줘.'

아래로 아래로 처지는 살들만큼이나 내 마음은 밑으로 밑으로

9   다자이 오사무 지음, 유숙자 옮김, 《사양》, 136쪽, 민음사, 2018.

바닥을 향해 곤두박질한다. 그렇게 외로움이 두터워진다.

어떻게 하면 외로움으로 토라진 나를 달랠 수 있을까? '불행에 중독된 사람들에게 행복이 의미있는 것이 되도록 만들어야 한다.',[10] '미국의 시인 메리앤 무어(Marianne Moore)는 말했다. '외로움의 치료제는 고독'이라고. 타인과 함께 있지 않다고 해서 박탈감을 느끼는 대신, 우리 스스로 자신 안에 무한한 세계를 품고 살아가는 존재라는 점을 자각하고, 홀로 있을 때도 만족을 느낄 수 있어야 한다. 사람은 군중 속에서도 처절한 외로움을 느낄 수 있지만, 산 정상에 혼자 있어도 완전한 충족감을 느낄 수 있다.'[11]

요조에게 외로움 치료제는 고독이 아닌 약물이었고 죽음이었다. 그는 생활이란 쓸쓸함을 견디는 일이라고 말했음에도, 끝끝내 생활인으로 살지 못했고 자신과 화해하지도 못했다. 역으로 우리는 이 책을 통해 나 자신과의 화해가 필요하다는 것을 깨닫는다. 내가 원하는 방식으로 내 안에 머무는 법을 배워야 한다. 우리 모두의 마음 속에는 '요조'가 있다. 내 안의 외로움을 내가 이해할 수 있어야 한다. 물론 '그래도 외로움은 시시때때로 우리를 후려칠 것이다. 그건 자기 자신이 책임져야 하는 외로움이다. 이러니저러니 해도 '당신'의 외로움이다.'[12] 이제는 안다. '살아간

10   알베르 카뮈 지음, 박해현 옮김, 《여름》 단편 수록작 〈아몬드 나무들〉, 55쪽, 휴머니스트, 2022.
11   재커리 시거 엮음, 박산호 옮김, 《어떤 고독은 외롭지 않다》, 7쪽, 인플루엔셜, 2022.
12   라르스 스벤젠 지음, 이세진 옮김, 《외로움의 철학》, 208쪽, 청미, 2019.

152

다는 것은 외로움을 견디는 일'[13]임을. 그러니 기꺼이 피할 길 없는 외로움이란 숙명을 껴안아 볼 참이다.

13 나태주 엮음, 《처음 사는 인생, 누구나 서툴지》 속 〈수선화에게(정호승 지음)〉, 20쪽, 북로그컴퍼니, 2023.

사랑, 켜켜이 쌓아 올린 나와 당신의 퇴적층

: 김승옥이 전하는 연무 같은 사랑의 본질

나에게 더 이상 묻지 마세요Ask me no more(1906) [14]

로렌스 앨마 태디마Lawrence Alma-Tadema(1836-1912, 영국)

[14]   이미 사랑에 빠진 연인에게 무슨 질문이 필요할까. 제목이 모든 것을 말해 준다.

흐린 날엔 사람들은 헤어지지 말기로 하자.

손을 내밀고 그 손을 잡는 사람이 있으면

그 사람을 가까이 가까이 좀 더 가까이 끌어당겨주기로 하자.

나는 그 여자에게 '사랑한다'고 말하고 싶었다.

그러나 '사랑한다'라는 그 국어의 어색함이

그렇게 말하고 싶은 나의 충동을 쫓아버렸다.

《무진기행》, 김승옥 지음, 191쪽, 문학동네, 2004.

큰 설렘도 없지만 큰 슬픔도 없다. 무색무취, 무미건조는 사랑이란 감정 앞에서 마이너스가 된다. 마구마구 달아오르는 열기가 어느 시점부터 연소됐는지 잘 모르겠다. 스스로 '결혼' 전후일 거라고 기준점을 세웠으나 감정의 무딤덤함은 기혼자에게만 해당하는 것은 아니다.

얼마 전 친구로부터 연인과 헤어졌다는 이야기를 들었다. 그녀는 내 주변 인물 중 유일하게 연애 중이었다. 소식을 전하는 목소리는 담담했다. 일이 바빠 이별을 챙길 정신조차 없다고. 따지고 보면 예나 지금이나 바쁜 것은 매한가지다. 아마 예전 같았으면 우리는 득달같이 만나 그놈을 욕하며 밤새 술을 마시고는 '똥차가고 벤츠 온다'를 부르짖었을 것이다. 그러나 그날의 대화는 일상적이었고 담담했다. 결혼 여부와 상관없는 시간의 흐름이 가져온 감정의 노화였다. 이제는 뜨거운 사랑이 혈관을 타고 흐르지 않음을 아쉬워하기보다, 동맥경화증을 막기 위한 혈행 개선에 열정을 쏟아붓는 나이가 된 것이다.

모든 것이 처음인 시절이 있었다. 눈빛, 몸짓, 상대가 숨 쉬는 것마저 벅차고 아름답게 느껴지던 때. 처음은 말 그대로 처음이어서 특별하다. 새롭게 경험하는 감정의 동요, 가족이 아닌 다른 이성에게 특별히 사랑받는다는 느낌, 그런 상대에게 나를 내어주던, 그 시절의 사랑은 모든 순간이 소중하다.

《무진기행》 속 나는 유부남이다. 잠시 여행 온 무진에서 인숙을 만나 마음을 나눈다. 과연 그는 사랑을 했던 건지 순간의 일탈을 행했던 건지 헷갈린다. 순수하다고 보기는 어려운 외도다. 그가 인숙에게 끌렸던 것은 소도시에 사는 그녀가 어렴풋이나마 옛날 자신의 모습, 즉 내가 사랑하는 내 모습을 닮았기 때문이라는데… 이 말도 믿어야 할지 잘 모르겠다. 그는 이 같은 내용을 담은 편지를 썼다가 이내 찢어버리고는 아내가 있는 서울로 올라간다. 아마 아내와 아무 일 없었다는 듯 살아갈 것이다.

누군가에게 사랑은 그때그때 찾아오는 짧은 유희일 수도 있고 또 누군가에게는 잡으려 하지만 잡을 수 없는 바람 같은 것 혹은 절대 움직이지 않는 바위 같은 것일 수도 있다.

40대의 사랑은 복잡하다. 결혼하지 않은 사람도 있고 결혼한 사람도 있고 결혼했다가 싱글로 돌아온 사람도 있다. 이미 많은 것들을 경험하고, 때로는 상실한 후에 다시 마주하는 시기의 사랑이다. 상처 없는 사람은 없다. 상처의 경험은 어쩔 수 없이 나이에 비례한다. 40대의 사랑이 더 조심스러운 이유다. 새로운 것을 알아가는 것도 중요하지만 서로의 아픔을 알아차리고, 그 아픔을 다루는 과정 역시 중요하니까.

이별 앞에 친구의 마음이 덤덤했던 건 경험이 알려준 자기방어의 작용이었을까. 우리가 사랑한 건 상대가 아닌 사랑 그 자체였음을 아는 나이가 되었기 때문일까.

그렇다면 부부에게 사랑이란 무엇일까. 결혼은 싫지만 아이는 원하는 친구가 결혼은 했지만 아이를 갖지 않은 나에게 왜 결혼을 했느냐고 물었다. 가정을 꾸린다는 것은 일종의 공유지를 협업해서 만드는 것이다. 배우자와 나는 우리가 협의해서 만든 공유지에서 서로의 일상을 공유한다. 기쁜 일이 있을 때도 슬픈 일이 있을 때도 남편은 그 일이 일어난 순간 내 곁에 있다. 동시성을 지닌다. 만약 연애를 했다면 따로 시간을 내어 축하의 만남을 가졌을 것이다. 결혼을 했고 한 공간에 살고 있기에 우리는 서로의 삶에 실시간으로 산증인이 될 수 있다. 상대의 인생을 목격하고 그에 따른 희로애락을 함께할 수 있다는 것은 결혼이란 공유지가 주는 혜택이자 기쁨이다. 물론 결혼과 동거가 무엇이 다르냐고 반문할 수 있겠지만 결혼이란 제도가 주는 책임감, 양가의 결합이란 측면은 동거와는 또 다른 귀속감을 부여하고 책임 의식을 만들기에, 공유지 형성에 더욱 성실성을 갖고 협조하게 만든다.

결혼이 정규 방송이라면 연애는 특집 방송 같은 것이랄까. 특집 제작은 새롭고 설레지만 많은 에너지가 소비되는 일이기에 나이가 들수록 힘에 부친다. 거듭되는 새로운 연애가 아닌 정착으로 귀결되는 결혼을 택하는 이유이기도 하다.

사랑이 숙성하는 과정은 무엇을 기대하기보다 서로를 이해하기 위해 노력하는 것에 있다. 더는 상대방을 변화시키려 하거나, 나의 이상을 강요하지 않는다. 오히려 그 사람이 살아온 시간, 그 시간 속에 생긴 상처들을 있는 그대로 받아들이는데 더 많은 시간을 할애한다. 상대에게 무엇을 기대해야 하는지, 무엇을 기대하면 안 되는지를 안다.

덴마크어로 '좋아하다'를 의미하는 단어 가운데, '쿠네리데(kunne lide)'가 있다. 누군가를 좋아하려면 고통을 견뎌야 한다는 뜻이라고 한다. 'lide'는 '고통을 당하다', '참을 수 없다'에서 파생된 동사다. 이는 결혼생활의 속성을 그대로 설명해주는 단어가 아닐까 한다. 좋아한다면 사랑한다면 어느 정도는 상대의 특정 행동이 고통스럽더라도 참고 넘어가는 미덕이 필요하다. 그 고통을 감내했을 때 비교적 평온한 가정이 유지된다는 것을 10년의 결혼생활이 알려 주었다.

사랑은 켜켜이 쌓아 올린 삶의 퇴적층이다. 그것은 지극히 일상적인 것 같지만, 견고한 지층이 되어 녹록지 않은 현실을 지탱해주는 힘이 된다. 젊은 날처럼 이상적이거나 낭만적이지 못할지라도 진실되고 현실적인 사랑. 삶의 목표와 방향을 공유하는 삶. 이를 유지하기 위해서는 일종의 의리가 필요하다. 결혼생활에도 율법이 있다면 그것은 의리를 지키는 것일 거다. 이는 '신의'의 다른 말이기도 하다.

5장

감정 과잉과 감정 부재 사이

위로

당신은 세상을 원하는 대로
크게 만들 수도 있고 작게 만들 수도 있어요.

| F. 스콧 피츠제럴드(F. Scott Fitzgerald), 소설가

실패, 하강의 소용돌이에서 찾아낸 진짜 나

: F. 스콧 피츠제럴드가 전하는 무너진 삶에 맞서는 방패

태양The Sun(1910-1912)[1]
에드바르트 뭉크Edvard Munch(1863-1944, 노르웨이)

1 뭉크의 작품 중에서는 보통 〈절규〉를 가장 먼저 떠올리지만 개인적으로 이 작품을 가장 좋아한다. 삶을 향한 들끓는 의지가 느껴진다. 〈태양〉은 정신병원에 입원했던 뭉크가 퇴원 후 안정을 되찾고 그린 그림이다. 그는 "두려움과 질병이 없었다면 결코 내가 가진 모든 것을 성취할 수 없었을 것이다"라고 말했다. '태양'은 다시 일어서겠다는 자신의 의지뿐만 아니라 당시 스웨덴으로부터 독립한 노르웨이의 밝은 미래를 상징한다. 이 작품은 노르웨이 지폐에서도 만나볼 수 있다.

당신은 세상을 원하는 대로

크게 만들 수도 있고 작게 만들 수도 있어요.

그런데 당신은 스스로 작고 하찮은 사람이 되려 하고 있어요.

있잖아요. 만약 나에게 균열이 생긴다면,

난 세상도 나와 함께 망가지게 만들어버릴 거예요.

들어봐요! 세상은 오직 당신의 인식을 통해서만 존재해요.

그러니 균열이 생긴 것은 당신이 아니라

그랜드캐니언이라고 말하는 게 훨씬 나아요.

《어느 작가의 오후(ある作家の夕後)》
F. 스콧 피츠제럴드 지음, 무라카미 하루키 엮음, 서창렬, 민경욱 옮김, 312-313쪽,
인플루엔셜, 2023.

내가 기억하는 최초의 실패는 '피구'다. 중학교 체육시간, 공이 오면 눈을 먼저 감아버리던 나는 좀처럼 공격해오는 공을 쳐 낼 수가 없었다. '수'는 바라지도 않았고 어떻게 해서든 '우'가 표시된 성적표를 받고 싶어 저녁마다 연습했건만 겨우 '미'를 받아 우울했던 기억. 그것은 공을 피하지 못해 맞아버리기 일쑤였던 고통보다 더 크게 남아 있다.

아마 기억만 나지 않을 뿐, 그 이전에도 그 이후에도 수많은 실패를 딛고 '나'라는 사람은 어린이에서 청소년으로 성인으로 성장했을 것이다. 살면서 단 한 번의 실패도 겪어보지 않은 사람은 없다. 실패를 달가워하는 사람 역시 없다. 그렇다고 해서 우리 인생에 실패라는 개념 자체가 없어진다면? 맙소사. 다시 일어서는 것도, 나아가는 것도 무슨 의미가 있을까. 피카소도 말하지 않았던가. '실패하라. 진정으로 실패하라. 발견을 위한 여백을 가질 수 있도록.'

실패는 마치 계륵과도 같다. 새로운 도전 앞에 서면 늘 실패에 대한 걱정이 앞선다. 동반되는 두려움은 망설임을 낳는다. 할까 말까 고민이 된다면 하는 게 맞지만(말의 경우 할까 말까 고민이 된다면 안 하는 게 맞다.) 막상 행동으로 옮겨야 하는 순간이 오면 또다시 머뭇거린다.

맷집이 쌓인다는 말이 있다. 상처가 쌓이고 쌓여 결국엔 든든한 나의 방패가 된다지만, 실패의 맷집은 생각보다 잘 쌓이지 않는다. 오히려 힘을 잃어간다. 실패가 점점 더 두려워지는 이유는 이미 쌓아 놓은 것들이 있기 때문이다. 섣부른 호기로 차곡차곡 겨우 모아두었던 것들이 한순간에 사라지는 경험을 하고 싶지 않다. 실패란 무조건 피해야 할 장애물로 생각된다. 왜 실패의 맷집은 나이와 반비례하는 것일까. 나날이 실패를 막아주는 샌드백이 얇아지고 있다.

작가들을 보면 수많은 실패를 딛고 성공한 경우가 많다. 루시 모드 몽고메리(Lucy Maud Montgomery)는 《빨간 머리 앤》을 출간하기 전까지 출판사의 숱한 거절을 감내해야 했고, 엘리자베스 스트라우트(Elizabeth Strout)는 계속해서 원고를 반려당하자 중간에 법대에 지원해 다른 일을 하기도 했다. 물론 끝내 글을 써서 미국을 대표하는 작가가 됐다.

이런 해피엔딩과 반대로 뜨거운 성공 이후 끊임없는 실패를 겪

168

으며 싸늘하게 생을 마감한 작가도 있다. 피츠제럴드는 인생 초반에 부와 명성을 한 번에 얻었다. 아내 젤다와 함께 요즘으로 치면 셀럽 대우를 받으며 미국과 유럽을 오가는 호화로운 삶을 살았다. 젊은 날에 정점을 찍고 40대부터는 한없이 추락했다. 아무리 발버둥 쳐도 하강의 소용돌이에서 벗어나지 못했다.

지금까지 나에게 피츠제럴드는 자신이 창조해낸 '위대한 개츠비'와 같은 길을 걸었던, 뛰어난 재능을 파티에 낭비한 비운의 천재 작가에 그치지 않았다. 후기 단편 모음집《어느 작가의 오후》를 읽기 전까지 말이다. 작가의 말년은 불운의 연속이었지만 그럼에도 불구하고 어떻게든 살아보려 애썼다. 그는 자신이 어느 지점에서, 왜 패배할 수밖에 없었는지 알아내려고 고군분투했다. 다시 일어서려면 '열정과 활력이 너무 이른 시기부터 끊임없이 졸졸 새기 시작한 그 틈이 어디인지 알아내야 했다.'[2]

세상엔 지켜야 할 것들이 많지만, 그 가운데 누구보다 나만은 반드시 지켜야 했다. 모든 것을 잃은 삶의 끝자락에 나를 증명할 수 있는 유일무이함. 나를 나이게 하는 본질, 그것은 '글'이었다. 녹록지 않았던 상황상 돈에 급급해 시류를 쫓거나 상업적인 목적의 출판과 타협할 수 있었음에도 그는 응하지 않았다. 오랜 세

2 F. 스콧 피츠제럴드, 무라카미 하루키 엮음, 서창렬, 민경욱 옮김, 《어느 작가의 오후》, 332쪽, 인플루엔셜, 2023.

월을 허비했다고 쓰면서도 그 세월을 후회하지 않았다. 피츠제럴드가 매력적으로 다가온 이유는 이 지점에 있었다. 과거를 지우지 않았다. 실패를 부정하지도 않았다. 오히려 절망의 구덩이에서 허우적거리며 실낱같은 희망을 찾아내려 했던 생의 의지는 처연하면서도 동시에 아름답다.

실패는 예고 없이 찾아온다. 삶은 예측할 수 없기에 불안하고 그래서 경이롭다. 실패 그 자체보다 실패를 받아들이고 극복해 나가는 과정이 더 중요하다는 것을 우리는 잘 알고 있다. 프랭클린은 실패야말로 성공의 계약금이라며, 실패를 성장 마인드셋의 동력으로 삼기도 했다. '애써 노력하는 모든 일들이 낱낱이 실패한다 해도 의미만은 남을 거라고 믿게 하는 침착한 힘'[3]이 당신에겐 분명히 있다. 좌절의 구름 너머에는 반드시 눈 부신 태양이 비칠 테니까.

3 한강 지음, 《작별하지 않는다》, 44쪽, 문학동네, 2023.

가장 희귀한 존재.
이른바 '균형잡힌 인간'이
되고자 했던 것이다.
어쨌든, 하나의 창으로 보면
실제보다 훨씬 더 근사해 보이는 게
인생이다.

《위대한 개츠비(The Great Gatsby)》
F. 스콧 피츠제럴드 지음, 김영하 옮김, 15쪽, 문학동네, 2009.

권태, 체념한 듯 보이지만
갈망을 표출하는 춤사위

: 존 윌리엄스가 전하는 지루한 오늘을 살아가는 법

노란색 옷을 입은 여성Woman in yellow(c. 1875)[4]
구스타브 레오나르 드 종헤Gustave Léonard de Jonghe(1829-1893, 벨기에)

4   화가는 주로 실내를 배경으로 화려한 여성을 그렸다. 비스듬히 누워 무료한 시간을 보내는 그녀의 얼굴에서 마담 보바리의 권태를 헤아려 본다.

자신의 생이 살만한 가치가 있는 것인지

과연 그랬던 적이 있기는 한지 모르겠다는 생각이

자기도 모르게 떠오르곤 했다.

모든 사람이 어느 시기에 직면하게 되는 의문인 것 같았지만,

다른 사람들에게도 이 의문이

이토록 비정하게 다가오는지 궁금했다.

이 의문은 슬픔도 함께 가져왔다. (중략)

그가 생각하기에는 나이를 먹은 탓에,

그가 우연히 겪은 일들과 주변 상황이 강렬한 탓에,

자신이 그 일들을 나름대로 이해하게 된 탓에

그런 의문이 생겨난 것 같았다.

《스토너(Stoner)》

존 윌리엄스 지음, 김승욱 옮김, 252쪽, 알에이치코리아, 2015.

"젊음은 무엇인가?"

"꿈이다."

"사랑은 무엇인가?"

"꿈의 내용이다."

키르케고르의 명언으로 시작하는 카메라는 고등학생들의 술 게임에서 이내 삶에 아무런 열정도 의욕도 없는 중년 남성 네 명을 클로즈업한다. 이들은 사회적으로 안정된 직장을 갖고 있고 어느 정도의 학식도 있는 지식인이지만, 열정이 마비된 채 권태 속에서 허우적거리고 있다. 덴마크 영화 〈어나더 라운드〉의 주인공들은 무력감이 지나쳐 희망이 보일 것 같지 않은 무망감(hopelessness)에 도달한 의욕 상실의 중년 남성들이다. 그들은 불안이란 실패가 주는 두려움에 대한 인간의 대응방식이라 말하며, 인생 후반전에 찾아온 헛헛함을 술로 채운다. 마시고 마시고 또 마신다. 마치 술을 마시는 내가 싫어 또 술을 마시는 《어린 왕자》의 술주정뱅이처럼.

이들에게 권태를 잊게 하는 마법이 술이었다면, 《스토너》속 윌리엄 스토너에게는 '문학'이었다. 가난한 농부의 아들로 태어나 농과대에 입학한 남자는 문학과 사랑에 빠져 문학사 학위를 받는다. 이후 결혼을 하고 안정된 교사생활을 이어가지만 어느 순간 자신이 원했던 삶의 궤적에서 약간 빗겨나가 있음을 감지한다. 문제는 균열을 알면서도 그 궤도에서 한 발자국도 이탈할 수 없다는 것. 이미 걸어온 길을 지우고 새길을 갈 수가 없었다. 너무 많이 걸어왔기 때문이다. 고민은 하되 변한 것은 없다. 같은 자리를 빙빙 돌며 지리멸렬함에서 벗어나지 못한 스토너는 자문한다. '나는 무엇을 위해 사는가? 내 생은 살만한 가치가 있는가?' 반추해 보면 그도 열정적일 때가 있었다. 다만 젊을 때는 그 젊음이 아름다운 줄 몰랐다. 사실 젊음은 몰라서… 아름다웠다.

뜨거웠던 열정과 간지러운 설렘을 뒤로하고 어느새 권태가 또아리를 틀었다. 그렇다고 '권태가 작정하고 내게 다가오는 것은 아니다. 권태는 그저 가끔 내가 잘 지내는지 알고 싶어 할 뿐이다.'[5] 흔히 권태는 중년에게 다가온다고 하지만 이 역시 사람마다 다를 것이다. 나는 오히려 10대가 더 권태로웠다. 매일 학교와 집, 학원을 오가며 공부만 하는 삶이 지루했고 반항으로 가득한 10대들이 그렇듯 어른들이 다 시시해 보였다. 그러면서도 빨리 어른이 되기만을 기다렸다. 보바리 부인의 권태를 동경했고 《상실

---

5 헤르타 뮐러, 《숨그네》, 232쪽, 문학동네, 2010.

의 시대》를 읽으며 연신 밑줄을 그었다. 과연 그때의 내게 상실할 그 무엇이 있었는지조차 모르겠지만.

심리학자들은 권태를 삶을 재조명하는 과정의 일환으로 해석한다. 내가 원하는 삶을 살지 못하고 타인의 기대에 부응하다 어느 순간 질문에 봉착하는 것이다.

'내 인생은 대체 어디에 있지?'

권태는 회의와 불안의 다른 이름이다. 이 단조로운 순간이 찾아오면 우리는 자주 지난 삶을 되돌아본다. 무엇이 나를 이렇게 만들었는지, 누가 나를 지치게 했는지 자문한다. 이 과정에서 삶을 객관적으로 바라보고, 변화가 필요한 부분이 있다면 개선할 여지를 찾아볼 수 있다. 일상의 변화를 넘어서, 내 삶의 가치관과 목표를 재정립하는 기회가 되기도 한다.

권태는 새로운 나를 갈구하는 욕망의 함성이다. 영화 〈어나더 라운드〉의 네 남자는 '현실을 건뎌내려면 마음속에서 뭔가 하찮은 미친 짓들을 계속 생각해내야 한다'[6]고 했던 프루스트의 말을 즉각 실현에 옮겼다. 영화의 하이라이트인 마지막 장면에서는

6　마르셀 프루스트 지음, 김희영 옮김, 《잃어버린 시간을 찾아서 3: 꽃핀 소녀들의 그늘에서 1》, 288쪽, 민음사, 2014.

거의 무아지경에 빠져 황홀경의 춤을 춘다. '삶이란 어느덧 비극이고 어쩌다 희극이며 어쩌면 한바탕의 춤'인 것일까.[7] 보는 것만으로도 마음이 시원해진다. 스크린으로 들어가 미친 척 춤 한 판 추고 싶어진다. 우리 모두의 인생에는 막춤을 추면서 후련하게 삶의 먼지들을 털어버려야 하는 시기가 필요하다. 오래된 나무는 새싹을 틔우기 위해 반드시 낡은 잎을 떨어트린다.

7 〈어나더 어라운드〉에 대한 이동진 평론가의 한줄평.

댄스 그룹Tanzgruppe(1929)[8]
에른스트 루트비히 키르히너Ernst Ludwig Kirchner(1880-1938, 독일)

8   제1차 세계대전 참전 당시 입은 부상으로 평생 장애를 안고 살아가야 했던 화가는 무희들의 자유로운 춤
을 통해 나치에 대한 저항을 표현했다.

후회, 시간에 가려진 그림자

: 줄리언 반스가 전하는 자책을 품고 내일을 살아가는 법

길을 돌아서 Turn in the Road(1879-1882)
폴 세잔 Paul Cézanne(1839-1906, 프랑스)[9]

9   화가 가운데 큰 굴곡 없이 원하는 삶을 살았을 것 같은 사람은 단연 세잔이다. 그는 아버지의 유산을 상속
받아 경제적 자유를 얻게 되자 고립을 고수하며 그림을 그렸다. 자신의 작품세계나 철학에 대한 외부의 평가에
꺾이거나 흔들리지 않았다. 세상에 초연한 채 자신이 원하는 일만 했던 삶은 꽤 아니 많이 부럽다. 그래서인지
그의 그림들은 평온하고 흔들림이 없다.

인생에 대해 내가 알았던 것은 무엇인가,

신중하기 그지없는 삶을 살았던 내가.

이긴 적도, 패배한 적도 없이,

다만 인생이 흘러가는 대로 살지 않았던가.

흔한 야심을 품었지만, 야심의 실체를 깨닫지도 못한 채

그것을 위해 섣불리 정착해버리지 않았던가.

상처받는 게 두려웠으면서도

생존력이라는 말로 둘러대지 않았던가.

고지서 납부를 하고, 가능한 한 모든 사람들과

무난한 관계를 유지하면서 살았을 뿐,

환희와 절망이라는 말은 얼마 지나지 않아

소설에서나 구경한 게 전부인 인간으로 살아오지 않았던가.

자책을 해도 마음속 깊이 아파한 적은 한 번도 없지 않았던가.

《예감은 틀리지 않는다(The Sense of an Ending)》
줄리언 반스 지음, 최세희 옮김, 242-243쪽, 다산책방, 2019.

인간은 망각의 동물이지만 기억의 동물이기도 하다. 문제는 좋은 기억보다 나쁜 기억을 더 오래 더 자주 한다는 것. 대체로 과거는 만족보다 후회로 점철되기 마련이다. 만약 그 사람과 결혼했다면. 상사에게 내 의사를 똑바로 전달했더라면. 그 말을 하지 않았더라면. 후회는 곧 가정법으로 이어지고, '~했더라면 ~ 했을 거야'의 공식은 끝나지 않는 되돌이표로 재생된다. 살아온 인생이 길다면 후회의 스펙트럼도 넓어지기 마련이다. 삶은 마치 삼각 함수처럼 선택과 만족 또는 후회로 돌아간다. 오랫동안 고심한 만큼 만족할만한 결과를 얻을 때도 있지만, 때로는 후회하고 때로는 자신의 과오에 반성도 하며 우리는 다음 선택 앞에 선다.

황지우 시인은 '그 누구를 위해 그 누구를 한 번도 사랑하지 않았다는 거'[10]를 후회한다고 했다. 이 후회는 가히 낭만적이다. 나는

---

10 황지우 지음, 《어느 날 나는 흐린 주점에 앉아 있을 거다》 수록 시 〈뼈아픈 후회〉, 문학과지성사, 1999.

과연 그 누구를 제대로 사랑한 적이 있을까. 아마도 누구는 뜨겁게 사랑하지 못한 것을 후회하고 또 누구는 뜨겁게 사랑한 것을 후회할 것이다. 사랑뿐일까. 과거를 돌이켜보면 결국 삶은 두 개로 나뉜다. 후회하는 일과 후회하지 않는 일.

어떤 삶은 뒤늦게 깨닫는다. 《예감은 틀리지 않는다》 속 평범한 중년이었던 토니도 그랬다. 그는 때때로 지난날을 돌이켜보지만, 그 기억은 어디까지나 자신의 시선에서 본 과거일 뿐이었다. 기억하는 사람에 맞게 재구성되는 기억의 속성을 몰랐다.

토니는 자신에게 상처만 주고 떠났다고 생각한 첫사랑 베로니카를 통해 끔찍한 과거의 진실과 마주한다. 지금까지 '그는 삶의 현실에 안주했고, 삶의 불가항력에 복속했다. 삶이 닥쳐오는 대로 받아들였다.' 그랬기 때문에 지난날을 추억할 뿐 성찰해 본 적은 없다. 엄청난 진실을 알게 된 이후 '후회의 감정에 시달리기 시작한다. 살아온 어느 하루도 후회되지 않는 날이 없었다.'[11] 정작 본인은 망각했던 그 행동으로 인해 얼마나 많은 사람이 평생에 걸쳐 상처받았는지를 깨닫고 몸서리친다. '자신이 성숙했다고 생각했을 때 우리는 그저 무탈했을 뿐이다. 자신이 책임감 있다고 느꼈을 때 우리는 다만 비겁했을 뿐이었다. 우리가 현실주의라 칭한 것은 결국 삶에 맞서기보다는 회피하는 법에 지나

---

11 줄리언 반스 지음, 최세희 옮김, 《예감은 틀리지 않는다》, 173쪽, 다산책방, 2019.

지 않았다.'[12]

기억은 사람에 의해 변형된다. 왜곡된 기억의 진실을 깨달은 순간 후회가 시작되지만 애석하게도 돌이킬 수 없다. '시간이 정착제 역할을 하는 게 아니라, 용해제에 가깝다'[13]는 사실을 알았을 때는 늦었다. 토니는 아무것도 할 수 없는 자신에게 무력함을 느낀다.

누구라도 '살아갈 날이 줄어들수록 헛되이 살고 싶지 않다.'[14] 후회를 되돌릴 수는 없지만 재정립해 볼 필요는 있다. 후회를 통해 내가 어떤 사람이었는지 성찰해 보고 반면교사 삼아 더 나은 '나'로 나아갈 수 있다.

여전히 후회되는 일이 많지만, 후회 역시 내 삶의 흔적이다. 그 흔적이 아름답지 않을지라도, 새로운 살을 돋아나게 만드는 생채기가 되어줄 것이다. 분명 인생에서 의미 있는 자국이다. 후회를 품으며 오늘을 살고 내일을 그린다. 어제보다는 조금 더 나은 내가 될 것이란 예감이 적중하길.

12 줄리언 반스 지음, 최세희 옮김, 《예감은 틀리지 않는다》, 162쪽, 다산책방, 2019.
13 줄리언 반스 지음, 최세희 옮김, 《예감은 틀리지 않는다》, 111쪽, 다산책방, 2019.
14 줄리언 반스 지음, 최세희 옮김, 《예감은 틀리지 않는다》, 120쪽, 다산책방, 2019.

죽음, 생(生)과 사(死)의 교차로

: 욘 포세가 전하는 인생이라는 경이

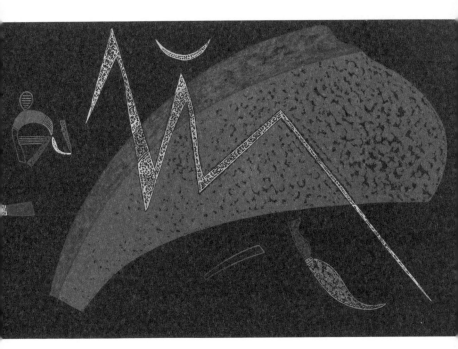

수박Watermelon(1939) [15]
바실리 칸딘스키Wassily Kandinsky(1866-1944, 러시아)

15   칸딘스키는 동그라미야말로 죽음, 탄생, 구원 등을 의미하는 정신의 원형이라고 생각했다. 그의 색깔에서
검정색은 죽음을 의미하는데, 말년에 그린 작품들의 배경은 대부분 까맣다. 화가는 죽음을 바탕으로 새빨갛고
달콤한 수박을 그렸다. 죽음을 앞두고 있어도 수박은 달다.

너무 늘어져도 못 쓰는 법, 몸을 움직여야 했다,

그러지 않으면 결국 완전히 녹슬고 말 테니,

젊음은 이미 먼 옛날 얘기라고,

요한네스는 생각했다,

이제 정말 일어나야지.

자네가 사랑하는 건 거기 다 있다네,

사랑하지 않는 건 없고 말이야.

《아침 그리고 저녁(Morning and Evening)》
욘 포세 지음, 박경희 옮김, 34, 133쪽, 문학동네, 2019.

핏덩이라는 표현은 적확했다. 포대기에 싸여있는 아가의 빨간 얼굴은 생명의 열기로 가득했다. 어둠을 뚫고 나온 해사한 태양의 에너지가 이글이글 불타오르는 것만 같았다. 지인이 보낸 아이 사진을 보며 탄생의 경이에 감탄하던 찰나. 아래위로 검은 옷을 입은 남편이 다급하게 오더니 지금 문상을 다녀와야겠단다. 옛 직장 선배의 급작스러운 부고를 받았다고. '이 한밤중에?' 싶었지만 죽음은 탄생처럼 예고되지 않는다.

생명과 죽음이 실시간으로 교차하는 교차로에 서 있는 것만 같았다. 누군가의 생일이 누군가에게는 기일이 될 수 있다는 아이러니. 탄생과 죽음이 동시다발적으로 일어나는 상황에 직면하면서 생과 사는 멀리 있지 않다는 것. 끊임없이 교차한다는 이치가 새삼 피부로 와닿았다. 대관절 생은 무엇이고, 사는 무엇일까. 그 사이의 삶은 또 무엇일까.

20대 때 죽음 체험에 참여해 본 적이 있다. 글 쓰는 데 도움이 될까 싶어 별생각 없이 신청했던 프로그램. 실제로 유서를 쓰고 영정사진을 찍고 관에도 들어가 봤지만 당시 죽음은 아주 작은 기척조차 들리지 않았다. 나와 아무런 상관없는 일이었다. 대관절 여길 왜 왔는지 모르겠다며 체험이 끝난 뒤 친구와 삼겹살을 지글지글 구워 먹었다.

멀찌감치 떨어져 있을 것만 같았던 죽음이 저벅저벅 내 현실로 들어오기 시작한 것은 방송작가협회에 가입하면서부터다. 저작권과 각종 복지 혜택을 기대하고 가입했지만 정작 피부에 와닿은 가장 큰 변화는 시시때때로 울리는 부고 문자였다. 협회 회원의 가족 혹은 당사자의 부고 문자는 내가 밥을 먹는 중에도, 커피를 홀짝이는 순간에도, 일하느라 정신이 없을 때도 울렸다. 그것은 죽음은 멀리 있지 않다는 존재의 외침이었다. '핸드폰에 부고(訃告)가 찍히면 죽음은 배달상품처럼 눈앞에 와 있다'[16]던 김훈 작가의 글에 뼈저리게 공감했다.

이제는 축하보다 위로를 건네야 하는 일이 더 많아진 나이가 됐다. 나이를 먹어도 기쁨보다는 슬픔을 나누는 일이 더 어렵다. 어떤 말로 상실을 보듬어야 할지 모르겠다. 문자에 찍힌 계좌에 입금하는 것으로 내가 할 수 있는 애도를 다 했다고, 살아있는 자의 도리를 했다고 할 수 있을까. 반대로 내가 이 부고의 당사

16 김훈 지음, 《허송세월》, 7쪽, 나남, 2024.

자가 된다면 어떨까.

《아침 그리고 저녁》은 아침과 저녁을 나란히 한 제목처럼 생의 시작과 끝을 보여준다. 요한네스라는 한 남자의 길다면 길고 짧다면 짧은 생을 단편에 가까운 분량으로 응축해 담았다. 작가가 표현하는 죽음은 어둡거나 무섭지 않았다. 오히려 자연스러워서 색달랐다. 죽음을 달리 고찰해 볼 수 있는 기회를 선물받은 기분이었다. 주인공 요한네스는 막내딸 싱네가 자신의 몸을 겹쳐 지나칠 때 죽음을 인지한다. '그 중심을 통과하는 순간은 너무도 차가웠다. 차갑고 무력했을 뿐, 다른 것은 없었다.'[17]

일반적으로 글에서 접속 부사는 많이 쓰지 않는 것이 좋다고 하지만 이 책에서만큼은 예외다. '그리고', '그런데'와 같은 접속 부사가 끊임없이 나온다. 어떤 의도에서였는지, 원문의 뉘앙스는 어떨지 궁금하다. 끊어질 듯 끊어지지 않는 연결되는 삶을 상징하는 것일까. 쉽게 읽히는 책은 아니다. 잘 모르겠다. 그 '잘 모르겠음'이 인생일지도…. 어쩌면 불교에서 말하는 생사불이(生死不二)와 일맥상통할지도… 생(生)과 사(死)는 둘이 아니다. 나와 너도 둘이 아니다. 세상 모든 것이 다 이어져 원을 그리며 돌아간다. 낮과 밤이 있기에 하루라는 시간이 완성되듯 죽음과 탄생이 있기에 거대한 삶이라는 순환을 빚어낸다.

17 욘 포세 지음, 박경희 옮김, 《아침 그리고 저녁》, 115쪽, 문학동네, 2019.

요한네스가 죽음에 이르는 과정은 마치 야트막한 바닷가에 떠밀려 온 파도처럼 느릿하다. 우리의 죽음은 지금도 어딘가에서 다가오고 있을 것이다. 물론 생애 주기로 봤을 때 40대에게 아직 저녁은 오지 않았다. 대략 오후 2시 언저리를 가리키지 않을까 나름으로 짚어본다. 태양이 강렬하게 내리쬐는 시간. 사회적으로 왕성하게 활동하는 나이. 동시에 곧 다가올 노후가 걱정되는 나이. 뜨거운 햇살이 버거워 시에스타를 즐기고 싶지만 괜히 낮잠에 들었다가는 영원히 밤이 될지도 모른다는 불안감에 사로잡혀 마음 놓고 쉬지 못하는 나이.

탄생과 죽음을 동시에 목격하며 삶의 경이와 비애를 동시에 경험한다. 아침을 사는 아이를 보면 막중한 책임감이 생기고 연로하신 부모님을 통해 저 어딘가에서 다가오고 있는 저녁이 걱정된다. 특히 부모님의 노화를 가장 가까이서 목도하게 될 때면 생의 유한성을 피부로 절감한다. 그 애석한 마음으로 마치 눈을 감지 못하는 목어가 된 기분으로 종일 눈을 뜬 채 오후 2시를 살고 있다.

글쎄, 이런 생각들 역시 시간이 지나면 사라져버릴 것임을 안다. 이내 저녁이 올 것이고, 그들과 나는 헤어지고 각자의 별이 되겠지. 언젠가 사라져 존재하지 않겠지만 미리 슬퍼하기엔 이르다. 태양은 소리 없이 사라지지 않는다. 또 한 번 붉게 노을을 내비치며 존재감을 드러낼 것이다. 우리에겐 저녁이 오기 전 붉게

타오를 노을의 시간이 있다. 평균 수명이 길어지면서 50대야말로 삶의 진가를 알게 될 거라고, 삶의 결실을 맺을 시기라는 말을 자주 듣는다. 헤세는 '쉰 살이 넘으면 서서히 어린아이 같은 유치한 장난을 그만두고, 명예욕과 공명심이 사라지고, 초연하게 자신의 인생을 돌아보기 시작한다. 기다림을 배우고, 침묵을 배우고, 경청을 배운다'[18]고 했다. 모두 다 내가 되고 싶은, 내가 그리는 쉰 살의 모습이다. 오후 2시의 나는 태양의 기운을 잔뜩 모아 놓고 그때를 기다린다. 그 어떤 그럼에도 불구하고 아직 우리에게는 살아갈 날에 대한 기대가 더 크니까. 내일의 태양은 새로운 태양일 테니까.

---

18 헤르만 헤세 지음, 배명자 옮김, 《인생의 해석: 헤르만 헤세 인생론》, 136쪽, 반니, 2022.

어른의 언어를 항해하는 일

차라투스트라는 말했다. '춤추는 별을 탄생시키기 위해 사람들은 자신의 마음속에 카오스를 품고 살아야 한다'고. 수없이 들은 명언이고, 고통 없는 성장은 만무하다는 걸 알고 있지만, 막상 내 앞에 시련이 닥치면 우리는 당황하고 흔들린다. 체감상 그 혼란은 40대에 더 자주 오는 것처럼 느껴진다. 물론 어느 세대든 지금 내가 처한 상황이 가장 버겁기 마련이지만, 삶의 무게 추가 나 한 사람에게만 달려 있지 않은 40대는 확실히 무겁다. 자녀, 배우자, 부모님 등 그 추는 다양한 모습으로 변모하며 툭툭 저울에 올려진다. 사는 게 버거워지고, 균형을 맞추기가 쉽지 않다. 마음은 시소 타기를 하듯 위로 아래로 오르락내리락하며, 오늘도 불안한 하루가 지나간다. 아니 버텼다.

한 치 앞을 알 수 없는 우리네 삶에는 데이비드 리빙스턴(David Livingstone)이 말했던 '바닥짐'이 필요하다. 거친 바다를 항해하는 배가 균형을 유지할 수 있는 비결은 '바닥짐(Ballast, 평형수)'에 있다. 바닥짐은 배의 전복을 막기 위해 하부에 싣는 일종의 중량물로, 그 묵직함 덕분에 배는 풍랑 속에서 흔들리지 않는다.

어릴 적엔 부모님이 그 바닥짐이 되어 주었다. 젊은 날엔 그 자체로 눈부신 젊은이란 무기가 바닥짐이었다. 40대에게 바닥짐이란 무엇일까. 혹은 누구일까. 부모? 배우자? 연인? 오히려 내가 그들에게 바닥짐이 되어야 할 것 같은 책임감이 먼저 든다.

나 자신뿐만 아니라 지켜야 할 것들이 많아지는 나이, 그 책임감으로 인해 생은 무겁고 자주 철렁인다. 나를 버티게 해주는, 나를 다시 일어서게 해주는, 결국에는 나를 나이게 하는 바닥짐을 나는 문학에서 찾았다. '사실 내 독서는 딱히 읽는 행위라고 말할 수 없다. 나는 근사한 문장을 통째로 쪼아 사탕처럼 빨아 먹고, 작은 잔에 든 리큐어처럼 홀짝대며 음미'[1]했을 뿐이다. 때때로 번잡한 세상살이 가운데 글을 읽을 수 있다는 것은 그 자체만으로도 위로를 준다. 위대한 작가도 혹은 그들이 만들어낸 인물도 흔들리고 방황하며 결국에는 일어섰다는 진실은 불확실로 가득한 40대에 바닥짐이 되어 주었다.

---

1 보후밀 흐라발 지음, 이창실 옮김, 《너무 시끄러운 고독》, 9~10쪽, 문학동네, 2016.

어느새 남녀 간의 사랑을 믿지 않는 나이가 되어버렸다. 그렇지만 세상을 향한, 무엇보다 글을 향한 작가들의 뜨거운 사랑은 여전히 믿는다. 그들이 부조리한 삶에 맞서 글로 옮긴 용기들이 불안한 어른의 바닥짐이 되어 주리라는 것 또한 믿는다. 용감한 자가, 사랑하는 자가 결국 길을 만든다. 바닥짐을 장착하고, 어른의 언어를 찾아 닻을 올린다. 내 삶을 향한 곡진한 사랑은 지금부터가 진짜 시작이다.